LIMITES

L734   Limites : entre o prazer de dizer sim e o dever de dizer não / organizado por Nina Rosa Furtado... [et al.]. – Porto Alegre : Artmed, 2009.
159 p. ; 23cm.

ISBN 978-85-363-1766-3

1. Psicologia educacional. I. Furtado, Nina Rosa.

CDU 37.015.3

Catalogação na publicação: Renata de Souza Borges – CRB-10/Prov-021/08

LIMITES
entre o prazer de dizer sim e o dever de dizer não

Nina Rosa Furtado
e colaboradores

Fotos
Vicky Furtado

Reimpressão

2009

© Artmed Editora S.A., 2009

Capa
Bistrô de Design

Preparação do original
Simone Dias Marques

Leitura final
Carlos Henrique Lucas Lima

Supervisão editorial
Mônica Ballejo Canto

Projeto e editoração
Armazém Digital Editoração Eletrônica – Roberto Carlos Moreira Vieira

Reservados todos os direitos de publicação, em língua portuguesa, à
ARTMED® EDITORA S.A.
Av. Jerônimo de Ornelas, 670 - Santana
90040-340 Porto Alegre RS
Fone (51) 3027-7000 Fax (51) 3027-7070

É proibida a duplicação ou reprodução deste volume, no todo ou em parte,
sob quaisquer formas ou por quaisquer meios (eletrônico, mecânico, gravação,
fotocópia, distribuição na Web e outros), sem permissão expressa da Editora.

SÃO PAULO
Av. Angélica, 1091 - Higienópolis
01227-100 São Paulo SP
Fone (11) 3665-1100 Fax (11) 3667-1333

SAC 0800 703-3444

IMPRESSO NO BRASIL
PRINTED IN BRAZIL
Impresso sob demanda na Meta Brasil a pedido de Grupo A Educação.

Dedicamos este livro a pais, professores, cuidadores e a todas as pessoas que acreditam na educação como um processo dinâmico e afetivo.

AUTORES

Nina Rosa Furtado (org.)
Psiquiatra e psicanalista. Mestre e doutora em Comunicação Social pela Faculdade de Comunicação Social da Pontifícia Universidade Católica do Rio Grande do Sul (PUCRS).

Alfredo Cataldo Neto
Doutor em Medicina. Professor na Faculdade de Medicina da Pontifícia Universidade Católica do Rio Grande do Sul (PUCRS). Psiquiatra da equipe do Centro de Atenção Psicossocial (CAP) da PUCRS.

Ana Sfoggia
Médica pediatra e psiquiatra. Mestre em Pediatria pela Pontifícia Universidade Católica do Rio Grande do Sul (PUCRS). Preceptora do Ambulatório de Psicoterapia de Orientação Analítica (AMPA) da PUCRS. Preceptora do Ambulatório de Transtornos de Ansiededa do Hospital Psiquiátrico São Pedro.

Ângela Pratini Seger
Professora na Faculdade de Psicologia da Pontifícia Universidade Católica do Rio Grande do Sul (PUCRS). Psicóloga da equipe do Centro de Atenção Psicossocial (CAP) da PUCRS.

Antonio Marques da Rosa
Psiquiatra, professor convidado do Curso de Especialização em Psicoterapia de Orientação Analítica do Departamento de Psiquiatria e Medicina Legal da Universidade Federal do Rio Grande do Sul (UFRGS).

David E. Zimerman
Médico psiquiatra. Membro efetivo e psicanalista didata da Sociedade Psicanalítica de Porto Alegre (SPPA). Psicoterapeuta de grupo.

Diogo Rizzato Lara
Psiquiatra. Professor titular da Faculdade de Biociências da Pontifícia Universidade Católica do Rio Grande do Sul (PUCRS). Coordenador do Ambulatório de Bipolaridade do Hospital São Lucas da PUCRS.

Eduardo Lopes Nogueira
Psiquiatra pelo Hospital São Lucas da Pontifícia Universidade Católica do Rio Grande do Sul (PUCRS).

Elisabeth Meyer
Terapeuta cognitivo-comportamental, mestre e doutoranda em Psiquiatria pela Faculdade de Medicina da Universidade Federal do Rio Grande do Sul (UFRGS).

Felix Henrique Paim Kessler
Psiquiatra, doutorando em psiquiatria pela Universidade Federal do Rio Grande do Sul (UFRGS). Professor do Instituto Fernando Pessoa. Vice-Diretor do Centro de Pesquisas em Álcool e Drogas da UFRGS.

Gibsi M. Possapp Rocha
Médica, psiquiatra infantil com especialização no Mount Sinai School of Medicine de Nova York. Mestre em Clínica Médica pela Pontifícia Universidade Católica do Rio Grande do Sul (PUCRS). Professora na Faculdade de Medicina da PUCRS.

Gilze de Moraes Rodrigues Arbo
Professora na Faculdade de Educação da Pontifícia Universidade Católica do Rio Grande do Sul (PUCRS). Psicopedagoga da equipe do Centro de Atenção Psicossocial (CAP) da PUCRS.

Jacqueline Poersch Moreira
Professora na Faculdade de Psicologia da Pontifícia Universidade Católica do Rio Grande do Sul (PUCRS). Coordenadora da equipe do Centro de Atenção Psicossocial (CAP) da PUCRS.

Jairo Araújo
Professor na Faculdade de Serviço Social da Pontifícia Universidade Católica do Rio Grande do Sul (PUC). Assistente social da equipe do Centro de Atenção Psicossocial (CAP) da PUCRS.

Jeanne Pereira
Bióloga pela Pontifícia Universidade Católica do Rio Grande do Sul (PUCRS). Especialista em Terapia de Família e Casal pelo Instituto da Família de Porto Alegre. Membro do Grupo de Transtornos Alimentares do Centro de Atenção Psicossocial Infanto-juvenil do Hospital de Clínicas de Porto Alegre.

Jorge Furtado
Cineasta.

Jurema Kalua Potrich
Professora na Faculdade de Educação da Pontifícia Universidade Católica do Rio Grande do Sul (PUCRS). Assessora em educação especial da equipe do Centro de Atenção Psicossocial (CAP) da PUCRS.

Maria da Graça Furtado
Terapeuta de Família e Casal. Gerontóloga Social. Coordenadora do Programa Municipal de Medidas Sócio-Educativas em Ambiente Aberto da Região Leste/ Porto Alegre – FASC/PMPA.

Maria Lúcia Andreoli de Moraes
Professora na Faculdade de Psicologia da Pontifícia Universidade Católica do Rio Grande do Sul (PUCRS). Psicóloga da equipe do Centro de Atenção Psicossocial (CAP) da PUCRS.

Maria Regina Sana
Psicóloga clínica, especialista em Terapia de Casal e Família e em Terapia Cognitivo-Comportamental.

Maria Zélia Bujes Stumvoll
Pedagoga com especialização em Supervisão Escolar. Psicopedagoga e Terapeuta de Família e de Casal.

Nara Amália Caron
Médica, psicanalista de crianças, adolescentes e adultos. Membro efetivo e didata da Sociedade Psicanalítica de Porto Alegre (SPPA).

Paulo Knapp
Psiquiatra. Mestre e doutorando em Psiquiatria pela Universidade Federal do Rio Grande do Sul (UFRGS). Formação em Terapia Cognitiva no Beck Institute, Filadélfia.

Sérgio Furtado
Publicitário. Agência Matriz Comunicação e Marketing-Planejamento.

Sibele Faller
Psicóloga, especialista em Psicoterapia Cognitivo-comportamental. Mestranda em Psiquiatria pela Universidade Federal do Rio Grande do Sul (UFRGS).

Tatiana Da Costa Franarin
Pedagoga com especialização em Psicopedagogia pela Pontifícia Universidade Católica do Rio Grande do Sul (PUCRS). Coordenadora Pedagógica do Colégio Marista Ipanema, Porto Alegre.

Thaís Furtado
Jornalista. Mestre em Letras, na área da Análise do Discurso, pela Universidade Federal do Rio Grande do Sul (UFRGS). Professora dos cursos de Jornalismo e Realização Audiovisual da Unisinos. Coordenadora da Agência Experimental de Comunicação da Unisinos.

Vera Lúcia Teixeira
Pedagoga. Psicopedagoga. Orientadora Educacional do Colégio Monteiro Lobato, Porto Alegre.

SUMÁRIO

Introdução 13
Nina Rosa Furtado

PARTE I
Limites e o ciclo vital

1 Família 17
Jeanne Pereira, Maria da Graça Furtado e
Maria Zélia Bujes Stumvoll

2 Relação mãe-bebê 29
Nara Amália Caron

3 Séries iniciais: os outros chegaram 39
Tatiana Da Costa Franarin e Nina Rosa Furtado

4 Pré-adolescência 43
Vera Lúcia Teixeira

5 Adolescência 47
Gibsi M. Possapp Rocha e Eduardo Lopes Nogueira

6 Os universitários 57
Maria Lúcia Andreoli de Moraes, Jurema Kalua Potrich, Jairo Araújo,
Jacqueline Poersch Moreira, Gilze de Moraes Rodrigues Arbo,
Ângela Pratini Seger e Alfredo Cataldo Neto

PARTE II
Limites em situações especiais

7 A hiperatividade e o déficit de atenção 67
Ana Sfoggia e Nina Rosa Furtado

8 Drogas 75
Felix Henrique Paim Kessler, Paulo Knapp e Sibele Faller

9 Obesidade 97
Antonio Marques da Rosa e Elisabeth Meyer

10 Dinheiro 107
Diogo Rizzato Lara e Maria Regina Sana

11 Psicanálise 115
David Zimerman

PARTE III
Parar para poder continuar

12 A mídia que nos afasta e nos aproxima 125
Thaís Furtado

13 Cinema 133
Jorge Furtado

14 Propaganda 139
Sérgio Furtado

15 Vivendo no limite 147
Nina Rosa Furtado

16 Como dizer não 153
Nina Rosa Furtado

INTRODUÇÃO

Nina Rosa Furtado

O desejo de escrever e organizar esse livro surgiu à medida que eu entrava em contato com pais e professores, em inúmeros encontros e palestras. Convidada a falar sobre temas atuais de educação, comunicação e mídia, relação pais-escola e outros que fazem parte de meu interesse, verifiquei, entre as dificuldades mais frequentemente expostas, a grande ansiedade e a confusão de sentimentos a respeito de limites. Os pais parecem perdidos entre seus valores e os novos questionamentos. As escolas tentam preencher espaços que lhes fogem ao controle e precisam atualizar suas ações para preparar professores e desenvolver técnicas de ensino atraentes e eficazes. As crianças e os adolescentes se mostram ansiosos frente a inúmeras mudanças, de toda ordem, e não sabem ao certo a quem pedir ajuda.

Assim, decidi convidar um grupo de experientes profissionais de diversas áreas para, juntos, abordarmos neste livro a questão dos limites na sociedade atual. De que tipo de limites estamos falando? Nos dicionários de língua portuguesa, limitar significa determinar limites, demarcar, restringir, fixar, estipular, designar, formar fronteiras. Queremos pensar sobre estes sentidos, mas precisamos, também, ir um pouco além. Falamos aqui de um limite que significa parar para poder continuar; continuar crescendo, amadurecendo, apreendendo, tendo curiosidade e capacidade de usar o que está sendo oferecido. As fontes são infinitas, começando pela família, escola, mídia e todas as formas de informação visual e virtual. Como elas estão sendo usadas? Que influências preocupam?

Ninguém tem certeza de nada, e quem disser que tem será imediatamente desacreditado, visto que, em termos de funcionamento humano, podemos falar em experiências vividas, em ideias adquiridas e vivências;

podemos tentar conversar, trocar ideias e discutir conceitos, mas não teremos fórmulas definitivas ou verdades inquestionáveis.

Como estipular limites, então? Devemos começar acreditando que, em muitas situações, não percebemos o quanto as nossas crianças e adolescentes precisam de alguém que os ame o suficiente para dizer não. Alguém que, mesmo sem absoluta certeza, mas com um mínimo de adequação e coerência, acredite, sem culpas e remorsos, que, naquele momento, a criança e o adolescente têm que parar. Esta será uma atitude difícil, com um alto preço emocional, mas será, antes de tudo, uma atitude de quem "se importa" com o outro.

Sabemos que são tarefas complexas e, muitas vezes, devemos reconhecer para nossos filhos e alunos o quanto não temos certeza de nossas ações. Porém, deve existir coerência entre o que falamos e o que fazemos. Os jovens formam importante parte de suas personalidades através de identificações com os modelos oferecidos pela família e pela escola. O grupo e a mídia também influenciarão, mas sofrerão uma maior crítica daqueles receptores que tiverem internalizado modelos coerentemente estabelecidos e, especialmente, alicerçados em um afeto genuíno.

Com estas questões povoando nossas rotinas de trabalho e de vida, trazemos neste livro ideias para refletir, especialmente em conjunto com pais e educadores, a respeito do tema limites. São relatos de estudos, experiências e exemplos, com os quais procuramos entender as dificuldades impostas pela tarefa de ajudar uma pessoa a crescer e desenvolver o melhor de sua personalidade para a vida.

PARTE I
Limites e o ciclo vital

1 Família

Jeanne Pereira, Maria da Graça Furtado
e Maria Zélia Bujes Stumvoll

Para pensar sobre limites na família é necessário, em primeiro lugar, refletir sobre o conceito de família e seus múltiplos arranjos inter-relacionais. De acordo com Osório (2002), família é uma unidade grupal na qual se desenvolvem três tipos de relações pessoais – aliança (casal), filiação (pais/filhos) e consanguinidade (irmãos) – e que, a partir dos objetivos genéricos de preservar a espécie, nutrir e proteger a descendência e fornecer-lhe condições para a aquisição de suas identidades pessoais, desenvolveu, através dos tempos, funções diversificadas de transmissão de valores éticos, estéticos, religiosos e culturais.

As mudanças na família vêm ocorrendo através dos tempos, observando-se transições significativas que se deslocam da sociedade para a família. A família é um sistema em transformação que está inserido dentro de contextos sociais, envolvendo três componentes básicos:

- o sistema sociocultural em que está inserida (meio social-cultural);
- o ciclo vital da família, que passa por diversos estágios, exigindo uma reestruturação constante (momento da família);
- o crescimento e o desenvolvimento biopsicossocial de seus membros (identidade do indivíduo).

O funcionamento da família depende da sua estrutura e do contexto em que está inserida. A estrutura familiar se estabelece por exigências do funcionamento que organiza o modo como os membros da família interagem. A família é um sistema no qual os membros que a compõem formam subsistemas, seja por função ou geração, sexo, idade ou interesses. Os subsistemas da família podem ser representados por esposo-esposa, pai-filhos e mãe-filhos. O modo como a família interage segue padrões

18 Nina Rosa Furtado & Cols.

transacionais, que estabelecem as regras e as normas de funcionamento. Esses padrões, muitas vezes, seguem valores das famílias de origem paterna e materna, sofrendo algumas adaptações necessárias ao novo contexto biopsicossocial da nova família em construção. O padrão transacional vem a determinar o comportamento dos seus membros, fortalecendo a estrutura familiar e o sistema, mas devemos entender com clareza que todo sistema está em constante mudança, devendo, portanto, ser passível de flexibilidades e adaptações circunstanciais.

O sistema familiar com normas e regras claras cria um ambiente de convívio respeitoso e leal, de carinho, cuidado e proteção entre pais e filhos.

ESTABELECENDO FRONTEIRAS PARA A DEFINIÇÃO DOS PAPÉIS NA FAMÍLIA

A função da família está embasada nos aspectos biológicos, psicológicos e sociais. A função biológica se relaciona de forma ampla com a sobrevivência do indivíduo, no sentido nutricional e de condição ambiental. A função psíquica deve promover a saúde emocional de seus membros, possibilitando o desenvolvimento do sentimento de pertencimento para posterior separação e individuação, com a criação de sua identidade como indivíduo pertencente a diversos grupos. A função social deve apresentar a sociedade com suas normas e regras, como no sistema familiar, para o desenvolvimento e exercício da cidadania.

Dentre tantas funções a serem desempenhadas pela família, torna-se nítido que cada membro tem seu papel. Exercer esses papéis significa que há regras a serem seguidas, estabelecidas pelas fronteiras do subsistema. As fronteiras são as regras de um subsistema, com a definição dos papéis dos membros, ou seja, quem participa e como participa.

Fronteiras nítidas estabelecem um funcionamento adequado na família. No subsistema parental, as regras na linha da responsabilidade e autoridade devem ser nitidamente delineadas. A comunicação deve ser clara e permanente, possibilitando que os membros da família identifiquem seus papéis e funções a serem desempenhadas. Os pais são presentes como indivíduos autônomos e titulares de seu papel parental.

Nas famílias com fronteiras difusas, as mensagens entre pais e filhos são falhas e confusas, havendo dificuldade de diferenciação dos membros. Os filhos, privados da autoridade e da voz firme dos pais, sentem-se desprotegidos e desencorajados a desenvolver sua autonomia.

No lado oposto ao das famílias emaranhadas, com fronteiras difusas, encontramos as famílias desligadas, com fronteiras rígidas. A fronteira é rígida quando a comunicação é difícil e a função protetora da família é prejudicada. Os membros familiares funcionam autonomamente, distorcem o sentido de independência, ficam com falta do sentimento de lealdade e pertencimento, com dificuldade de buscar apoio familiar quando necessário. Nessas famílias, observamos pais desligados, que interagem pouco com seus filhos, desconhecem a rotina destes, não sabem quem são seus amigos, que lugares frequentam e como está o desenvolvimento escolar.

UMA FAMÍLIA SAUDÁVEL É UM SISTEMA EM MOVIMENTO

A dinâmica da vida moderna, com mudanças de valores perenes e apelos de atitudes e comportamentos inquestionáveis, exige a presença de uma família saudável, capaz de enfrentar conflitos e sair fortalecida e transformada após experiências de profundas adversidades. Essa capacidade, definida como resiliência, é efetiva não apenas para o enfrentamento de conflitos como também para a promoção da saúde mental e emocional dos indivíduos. A família resiliente é aquela que valoriza o potencial de todos seus membros, maximiza as habilidades e o desenvolvimento da autonomia.

Conforme Whitaker e Bumberry (1990), uma família saudável é dinâmica, e não estática. Está em contínuo processo de evolução e mudança. Portanto, uma família saudável é um sistema em movimento. Nela, as regras de convivência são claras e servem de guias para o crescimento individual e coletivo. Os pais são referências de autoridade, gerando segurança aos filhos, não havendo necessidade de provar a liderança parental. As fronteiras são devidamente estabelecidas; no entanto, é possível haver mudanças de papéis, uma vez que as relações são flexíveis. Os sentidos de solidariedade, consideração e respeito oferecem segurança para a busca de soluções dos conflitos. Os momentos de crises não são negados e abafados. Em vez disso, são utilizados para o crescimento e o aprendizado de novas experiências.

MUDANÇAS DA FAMÍLIA ATRAVÉS DOS TEMPOS

Segundo Groisman, Lobo e Cavour (1996), quando um indivíduo nasce, ele não vem ao mundo como uma tela em branco que vai ser preenchida a partir daquele momento. Ao nascer, ele vem inserido em uma história familiar que compreende várias gerações e recebe uma série de expectativas, delegações ou projeções dos pais, avós e da família extensiva. À medida que a criança cresce, a família necessita adaptar-se às suas necessidades de desenvolvimento e novas formas de socialização vão se impondo a partir do contato dos filhos com o mundo externo.

Atualmente, os pais tentam compreender as necessidades dos filhos e explicam as normas que regem o funcionamento familiar. No entanto, a paternidade é um processo extremamente difícil e, na sociedade atual, muito complexo. Com o desenvolvimento muito rápido, as dificuldades para o exercício da paternidade aumentaram.

As mudanças profundas e contínuas que a sociedade vem enfrentando, cada vez com mais rapidez, têm produzido crises de identidade nos indivíduos e nas famílias, acarretando sérios problemas de adaptação a estes novos padrões. Tais aspectos estão todos interligados, até mesmo porque vivemos em um mundo globalizado, onde qualquer acontecimento importante repercute rapidamente nesta nossa aldeia global.

Na família, observam-se novas configurações, com um número crescente de casamentos e recasamentos, com novas composições, a partir da convivência dos filhos que cada cônjuge traz para o novo lar. Novos papéis vão surgindo na família, a partir do grande número de adolescentes grávidas, de casais homossexuais, de famílias monoparentais, nas quais as mães, em geral, assumem sozinhas a função de provedoras e cuidadoras dos filhos.

Existem também mudanças nos papéis dos avós e, notadamente, o papel da mulher no que se refere à sua inserção na família, no mercado de trabalho e na política vem sofrendo aceleradas transformações, provocando traumas e crises precoces, e a função continente exercida sobre os bebês, filhos menores e adolescentes está ficando seriamente prejudicada. O conjunto de todos estes ingredientes está contribuindo para produzir uma crescente crise de identidade.

Esta crise se processa tanto no âmbito individual quanto no familiar, com mudanças nos valores éticos, morais e ideológicos que regem o modo e os objetivos de vida, produzindo ansiedade e confusão, fazendo com que as pessoas se sintam "perdidas" quanto ao desempenho de seus papéis na família e no mundo. Há uma constante busca de "êxito e sucesso", que funciona como um fator gerador da angústia e do mal-estar atuais.

A ciência desenvolve-se em busca da felicidade e da melhor qualidade de vida; no entanto, a família sofre as consequências da mentalidade de uma sociedade consumista, em que o ter se sobrepõe ao ser. A falta de segurança e o aumento expressivo da violência urbana tornam-se as principais preocupações dos pais. O desemprego e a falta de oportunidades no mundo do trabalho devolvem os filhos adultos para a casa de origem, na esperança de que a aposentadoria dos pais idosos garanta a sobrevivência familiar.

Apesar desses inúmeros conflitos e desafios, o grupo familiar, independentemente da sua organização, permanece sendo o principal núcleo de apoio, de segurança e de sentimento de pertencimento dos indivíduos.

Assim, no quadro a seguir propomos alguns encaminhamentos para os problemas mais comumente verificados nas famílias atualmente.

Situações-problema e propostas de encaminhamento

Situação-problema	Propostas de encaminhamento
1. Mãe ou pai que educam filhos sozinhos têm boas razões para se sentirem enfraquecidos e dificuldades para estabelecer limites na família.	1. Pais que assumem seus filhos sozinhos sentem-se fragilizados e cansados, necessitando buscar apoio na rede familiar e/ou social para ficarem fortalecidos na sua função de pais. Para romper com esta situação, deve-se buscar ajuda de parentes e amigos e de projetos que a comunidade ofereça. O terapeuta deve funcionar como um mobilizador dos parentes e amigos para fortalecer os pais solitários. Na medida em que o pai e/ou a mãe se sente mais seguro com suas potencialidades individuais, inicia-se o processo de resgate da autoridade e da capacidade de estabelecimento de limites junto aos filhos.
2. Pais que não conseguem estabelecer um diálogo (brigas, violência) têm dificuldade de construir normas comuns na educação dos filhos.	2. A divergência entre os pais sempre traz prejuízo no manejo com os filhos. Não havendo uma unidade de ação, os filhos ficam "perdidos", sentindo-se desamparados e abandonados pela presença parental. Os pais devem pensar no bem-estar dos filhos e não em suas necessidades do momento de crise. Esta postura garante a possibilidade de construção de normas comuns, que vão garantir a colocação de limites firmes e claros, propiciando segurança aos filhos.

(continua)

22   Nina Rosa Furtado & Cols.

Situações-problema e propostas de encaminhamento (*continuação*)

Situação-problema	Propostas de encaminhamento
3. Pais que se sentem culpados e inseguros em relação aos filhos têm dificuldade de exercer sua autoridade.	3. Quando os pais sentem-se culpados e inseguros, deixando de ter voz ativa junto aos filhos, dizemos que a criança fica privada da presença parental, ou seja, é deixada em um vazio. Os medos fazem com que os pais sintam-se paralisados. A preocupação de causar algum dano aos filhos ou de que estes venham a agredi-los pode enfraquecer o papel parental. Para fazer com que os pais saiam desta paralisia é importante que eles tenham oportunidade de expressar seus medos e acreditar que permanecer presentes de corpo e alma é o mais importante nessa situação. Para crescer e sentir-se segura, a criança precisa da presença de um adulto que possa lhe servir de referência e segurança dentro do seu contexto familiar.
4. O excesso de presença parental atrapalha a dinâmica familiar.	4. Quando falamos em excesso de presença parental, estamos nos referindo aos pais superprotetores, que vivem somente em função dos filhos, perdendo sua individualidade. Ao tornarem-se meros executores das vontades dos filhos, eles não oportunizam a estes o desenvolvimento da sua autonomia, enfraquecendo sua capacidade de enfrentar frustrações. Os filhos ficam infantilizados, com dificuldades de assumir responsabilidades em casa e na escola. A superproteção por parte dos pais fragiliza a criança, passando-lhe uma mensagem de incompetência.
5. As mudanças e o ritmo da vida contemporânea dificultam o exercício de continência da família.	5. Os pais necessitam de tempo e de energia para argumentar o "não" aos filhos, esclarecer dúvidas, acolher angústias, decodificar o significado de sentimentos estressantes e devolver respostas apropriadas e compreensíveis às condições dos filhos. A família se constitui como continente quando há combinação e aceitação de regras de convivência, definição de horários das tarefas, cumprimento de direitos e deveres e estabelecimento de limites. Quando a família funciona como continente, seus membros conquistam um sentimento de pertencimento, de que são aceitos, apoiados e reconhecidos pelo grupo familiar.

(continua)

Situações-problema e propostas de encaminhamento (*continuação*)	
Situação-problema	Propostas de encaminhamento
6. Gerações que moram na mesma casa enfrentam dificuldades na definição dos papéis de cada um (avós, pais e filhos), gerando conflitos na convivência familiar.	6. Em cada ciclo de vida há necessidades e interesses específicos. Na convivência intergeracional são fundamentais oreconhecimento das diferenças e limitações, a capacidade de empatia, ou seja, de conseguir se colocar no lugar do outro, a delimitação de lugares e papéis e a construção coletiva de regras. Em uma família na qual membros de diferentes gerações convivem diariamente, os pais ficam em uma situação a que chamamos "sanduíche", pois sentem-se responsáveis pelo bem-estar dos avós e, ao mesmo tempo, dos filhos. Nesta situação, é necessário o exercício de uma comunicação permanente e adequada a cada faixa etária. É importante também não infantilizar os idosos e não exigir das crianças uma compreensão acima das suas condições cognitivas. Quando avós e netos são flexíveis nas suas atitudes e apresentam capacidade de empatia, conseguem compreender as necessidades de cada um e se sentem privilegiados por construir uma relação repleta de aprendizagem mútua.

A fim de ilustrar o papel do terapeuta no estabelecimento de limites na família, apresentamos a seguir dois relatos de caso.

1. Pais culpados e inseguros na continência do filho

Jorge e Carla, ambos com 42 anos, estão juntos há 15 anos. Eles têm um filho de 4 anos chamado Toni.

Jorge tem história familiar de grande conflito com o pai, um homem rígido, sem afeto, crítico e que seguidamente desqualifica os filhos. A mãe é falecida. Jorge tornou-se uma pessoa sofrida, com autoestima baixa, ansioso, rígido e controlador. A preocupação de Jorge é ser um pai diferente do que foi seu pai.

Carla traz uma história familiar de difícil relacionamento com a mãe, uma pessoa rígida e autoritária. Carla, pelo seu relato, tem um comportamento muito parecido com o da mãe no que se refere à independência e ao dinamismo, mas sente-se pressionada e sufocada por Jorge.

Este casal procurou a terapia para discutir sobre a educação do filho, pois ambos sentiam-se impotentes e emocionalmente muito fragilizados perante o comportamento de Toni. O menino era manhoso, bravo e irritava-se facilmente quando os pais não atendiam as suas vontades. Em casa, atirava coisas longe e movimentava sofás e cadeiras com extrema raiva. Nessas situações, chorava muito e gritava que não gostava dos pais e iria matá-los. Não gostava de levantar para ir à escola, onde ficava todo o dia e era buscado à tardinha. Fazia algumas "cenas" também na escola.

Esses pais não conseguiam dar uma continência ao filho, gerando um grande conflito entre o casal. Um culpava o outro pelas dificuldades que apresentavam no manejo com o menino. Muitas vezes, Toni presenciava essas discussões, tornando-se cada vez mais forte diante da fragilidade dos pais. Ambos os pais relatavam que tinham "medo" da reação do menino, pensavam que ele poderia estar "sofrendo", tornando-se um menino infeliz.

A terapia começou com a identificação de como os pais estavam paralisados e sem energia para o exercício da presença parental para o filho. O medo dos pais potencializava o poder de Toni, deixando-o desamparado e privado da presença parental.

Trabalhando a origem dos medos e de suas angústias, aos poucos foi sendo resgatada a autoridade e a voz ativa dos pais, deixando-os mais seguros, clareando a importância da função parental na educação do filho.

2. Redefinição de papéis entre as gerações e estabelecimento de regras

Ester, 76 anos, viúva há dois anos, aposentada com alto salário e com pensão do marido, o que lhe permitia ter uma vida tranquila, com conforto e necessidades básicas atendidas, residente em uma casa ampla, com vários quartos, antes ocupados pelos filhos, acolheu sua filha, Marta, de 40 anos, recém-separada, seus dois filhos, Pedro, de 10 anos, e Gabriela, de 4 anos, e o cachorro Quim.

A decisão do retorno de Marta para a casa da mãe solucionou vários problemas familiares: as crianças passaram a conviver com a avó; Marta recebeu apoio da mãe e encontrou uma estrutura organizada em um momento de profunda crise emocional e econômica; a casa de Ester voltou a ter "vida", movimento, circulação de jovens e crianças, e ela encontrou na sua filha a companhia diária para o diálogo e a escuta.

Se no início o arranjo parecia ser solução de vários problemas, aos poucos a rotina e os diferentes interesses começaram a brotar e a dificultar a harmonia do convívio familiar. A televisão se tornou um foco de conflito, pois os horários dos programas prediletos da avó e dos netos coincidiam. A casa passou a ter um leve odor de xixi de Quim, o que desagradava enormemente Ester. Além dos cuidados com os filhos, Marta passou a se dedicar também às necessidades da sua mãe em relação à saúde, sobrecarregando sua agenda de compromissos.

Ester passou a ter o sono mais leve nas noites em que sua filha voltava tarde das festas, preocupada com a segurança de Marta. Por outro lado, Marta sentia-se envergonhada e infantilizada quando sua mãe telefonava no meio da noite, durante as festas com os amigos, para saber se ela estava bem e a que horas chegaria em casa. As refeições se tornaram momentos de conflitos, pois Ester estava acostumada com horários já estabelecidos, e as crianças estavam acostumadas a almoçar vendo televisão e não tinham o costume de cumprir a hora combinada.

Ester, Marta, Pedro, Gabriela e Quim, com o tempo, conseguiram organizar uma rotina que atendesse a todos os interesses e necessidades. Os papéis foram redefinidos, os limites de convivência foram estabelecidos, as regras construídas coletivamente. O afeto e o espírito de solidariedade formaram a base de reorganização e sustentação do novo núcleo familiar.

A história acima descrita pode retratar a realidade de situações vividas por muitas famílias. São conflitos que fazem parte da convivência familiar, principalmente quando seus membros encontram-se em diferentes ciclos da vida, com necessidades e interesses pertinentes a suas faixas etárias.

Para garantir uma convivência saudável, é importante que haja flexibilização dos diferentes interesses, acordos maleáveis, estabelecimento de regras e de limites de convivência e a possibilidade de uma comunicação clara e adequada.

CONSIDERAÇÕES FINAIS

Ao finalizarmos este capítulo, nos propomos a responder alguns questionamentos básicos que nos levaram a refletir sobre Limites e Família. São perguntas simples, porém desafiadoras, pois trata-se de um tema extremamente complexo, que poderia gerar um longo debate à medida que a história de cada família é rica em experiências, fatos reais e imaginários, sentimentos indizíveis, situações traumáticas e incontáveis sucessos. Isso porque a família é um sistema em movimento, dinâmico, em eterno processo de mudança.

Por que é tão difícil conviver com as pessoas que mais amamos?

As pessoas que mais amamos são aquelas que compartilham nossa vida, nossas conquistas e nossos insucessos. São aquelas que convivem diariamente conosco, participando de nosso crescimento. No entanto, no momento em que participam, têm o direito de opinar, de interferir. Ao interferir, trazem na bagagem individual estruturas internas repletas de valores éticos, estéticos, religiosos e culturais. Esses valores podem colidir com as nossas necessidades e interesses, gerando insegurança e conflito. Uma dose de afeto, de solidariedade, de flexibilidade colabora na conquista de relações harmoniosas.

Além disso, estas costumam ser relações nas quais temos segurança para brigar ou discordar, pois possuem características fortes e permanentes e sabemos que resistirão às diferenças.

Como organizar os diferentes interesses no convívio familiar?

O convívio familiar apresenta choques constantes de interesses diferenciados entre seus membros. Para que a família cresça em um ambiente saudável, é necessária a promoção de uma comunicação clara, de atitudes flexíveis e de combinações de regras de convivência. Respeitar diferenças é um dos maiores desafios em qualquer relação.

É possível estabelecer limites sem provocar conflitos familiares?

Os limites têm a função de estabelecer fronteiras, fundamentais para a definição de papéis e a organização de responsabilidades. Os limites promovem segurança e proteção. Os conflitos, por sua vez, fazem parte do sistema familiar e não devem ser negados, podendo ser utilizados para o crescimento e o aprendizado de novas experiências.

Como promover mudança de comportamento na busca de uma relação harmoniosa?

Por meio do diálogo permanente, da coerência nas mensagens dos pais, na promoção de comportamentos solidários, no desenvolvimento da capacidade de empatia e do reconhecimento das habilidades dos membros familiares. Não são medidas fáceis, mas as tentativas de mudança já promovem crescimento e aumentam o sentimento de coesão.

Fronteiras claras colaboram para um crescimento saudável na família?

A família saudável apresenta fronteiras bem-definidas, que servem de guia para o crescimento individual e coletivo. Os pais são referência de autoridade, gerando segurança aos filhos, promoção da auto-estima e da autonomia.

Por que atualmente os pais têm apresentado dificuldades de impor limites?

Muitos são os motivos: culpa, insegurança, indefinição de papéis, vida agitada, excesso de compromissos, influência dos amigos e dos meios de comunicação. Os pais necessitam confiar no papel de autoridade e cumprir a função parental de forma firme e comprometida com o desenvolvimento saudável dos filhos. Estabelecer limites significa amar os filhos. Com frequência, os pais também ficam confusos e inseguros. Não sabem como orientar o filho, o que proibir ou permitir. Isso é esperado em qualquer pessoa que abre mão da onipotência ou de ser dono da verdade. Muitas vezes, conversar com os filhos a respeito de suas dúvidas e tomar decisões compartilhadas com eles une e promove o crescimento.

REFERÊNCIAS

GROISMAN, M.; LOBO, M.; CAVOUR, R. *Histórias dramáticas*. Rio de Janeiro: Rosa dos Tempos, 1996.

MELILLO, A.; OJEDA, E.N. et al. *Resiliência:* descobrindo próprias fortalezas. Porto Alegre: Artmed, 2005.

MINUCHIN, S. *Famílias*: funcionamento e tratamento. Porto Alegre: Artmed, 1990.

OMER, H. *Autoridade sem violência*: O resgate da voz dos pais. Belo Horizonte : ArteSã, 2002.

OSORIO, L.C. *Casais e famílias*: uma visão contemporânea. Porto Alegre: Artmed, 2002.

OSORIO, L.C. VALLE, Maria E. *Terapia de famílias*: novas tendências. Porto Alegre: Artmed, 2002.

WHITAKER, C.A.; BUMBERRY, W.M. *Dançando com a família*: uma abordagem simbólico experiencial. Porto Alegre: Artmed, 1990.ZIMERMAN, D. *Fundamentos básicos das grupoterapias*. Porto Alegre: Artmed, 2000.

2 Relação mãe-bebê

Nara Amália Caron

Rosa, aos 40 dias, é trazida à consulta por seus pais, que estão desesperados e desorientados, porque, dizem eles, "ela vem furando todas as formas buscadas para dominá-la; esta menina não tem limites". A mãe está muito abatida, com olheiras, ansiosa, fala sem parar. Está prestes a explodir. Tenta expressar sua indignação, sua sensação de fracasso e desafio, pois Rosa não respeita minimamente o ritmo de sono e a frequência das mamadas impostas por ela.

Os pais de Antônio, que está com 4 meses, chegam à consulta. A mãe está aterrorizada e o pai, talvez um pouco mais calmo, traz o bebê nos braços. A mãe conta: "Há tempos ele acorda 10, 12 ou mais vezes por noite, ou melhor, não dorme, e eu, se não durmo oito horas seguidas, não suporto o dia [...]. Ele inventou que o dia é a noite, só que dorme cada vez um pouquinho. Já me mandaram dormir nestas horinhas, mas é pouco para mim, e ele comanda tudo, desregulou tudo, desorganizou nossa vida e quer determinar nossa rotina diária. Está horrível. É assim mesmo? Ele não sabe o que é limite e acha que sabe tudo. Eu não aguento mais, não me sinto bem com Antônio no colo, ele escapa pelos meus braços, não para, já escapou e até caiu da cama e da cadeira de balanço".

Tais vinhetas relatam situações muito presentes na minha clínica psicanalítica com lactentes, crianças que ainda não desenvolveram a linguagem verbal como forma de comunicação e que dependem do cuidado materno, que se baseia na empatia materna mais do que na compreensão do que é ou poderia ser verbalmente expresso (Winnicott, 1960). Elas mostram a complexidade da história do desenvolvimento de uma criança e como ele ocorre desde o início da vida, período em que também se alicerça sua saúde mental.

São frequentes as consultas nas quais os pais buscam uma receita mágica para tornar o trato com seus bebês mais fácil, mais adequado. É difícil colocar em palavras o entrevero inconsciente presente nos desencontros das duplas pais/bebê e, também, ajudar os pais a compreender que não é com treinamento que uma criança se desenvolve adaptada, conhecendo limites. Isso é muito complexo, envolve múltiplas relações e vários níveis de funcionamento. Tanto os pais quanto os bebês têm uma contribuição singular no estabelecimento da saúde mental, em problemáticas constituídas e nos respectivos tratamentos. E mais: a minha prática clínica mostra que na maioria das disfunções ligadas ao sono, à alimentação, ao choro, à atividade do bebê, estão presentes queixas associadas a limites, controle, poder. Dominar ou ser dominado pelo bebê e problemas com limites e diferenças começam muito cedo, inclusive mesmo antes do nascimento, na relação mãe-feto.

Durante a gestação, a mãe atinge uma disposição e uma capacidade que prosseguem no parto e nos primeiros meses pós-parto, de se esvaziar, de se despojar de todos seus interesses pessoais e se deixar preencher e usar pelo bebê, concentrando-se nele, ampliando, assim, um espaço em favor dele. A mãe perde seus limites, empresta seu corpo, deixa o bebê habitá-lo, para que depois ele possa habitar o seu próprio corpo. Ela sofre transformações em seu corpo, que se relaxa, expande-se, cresce para dar espaço a esse feto, que também se desenvolve de uma forma exuberante, fora do controle da mãe, mesmo sendo por ela sustentado, nesse ambiente dinâmico, até o parto. O bebê precisa dessa moradia, desse acolhimento, para experimentar intraútero suas sensações e seus movimentos com segurança e espontaneidade. No pós-nascimento, protegido nos braços de sua mãe, ele consegue desenvolver tarefas fundamentais, como a de integração, sentimento de que está dentro do próprio corpo e a iniciação de relações com seus objetos.

Para a mãe, aceitar a presença de um outro dentro de si, com vida, ritmo, movimentos, sexo e particularidades próprias e independentes não é tarefa fácil. Significa aceitar uma autonomia que, simultaneamente, é de total dependência. Um paradoxo insuportável. É este o desafio da mãe: ela precisa perder seus limites para acompanhar a condição precária do seu bebê e, posteriormente, reconquistá-los.

A observação de uma ultrassonografia obstétrica, a seguir, ilustra esta condição de perda de limites.

A mãe é uma mulher de aparência simples e espontânea. Tem 40 anos e está com 40 semanas de gestação. Parece "um pouco desligada" de tudo e "um pouco aérea". Tem-se a impressão de que está vestida de qualquer jeito, penteada de qualquer jeito e que a única coisa que a conecta ao mundo externo é a sua imensa barriga, impossível de não ser considerada. Parece flutuar, estar imersa em outra matéria que não o ar da Terra, a esperar. Parece estar aguardando a "sua hora". Está acompanhada de sua mãe – mulher de aparência envelhecida, apesar da pouca idade. Atenta ao monitor, escuta sua mãe comentar: "Minha filha tá com meio neurônio, como diz meu neto". A grávida retruca: "Meu filho de 10 anos é quem diz que eu estou com só meio neurônio funcionando". Avó e mãe riem, mas esta não parece preocupada com os comentários: concorda e se diverte com as observações feitas.

Quando uma mãe não consegue aceitar o hóspede-bebê, com sua desorganização inicial e ao mesmo tempo com sua liberdade e características próprias, tem ideia de que o bebê a invade e comanda, de que é um intruso, do qual receia não conseguir livrar-se. O medo de perder seus limites para sempre e de ser dominada levam-na a impor precocemente limites ao bebê, mesmo antes de seu nascimento.

Uma grávida, mãe de dois meninos, acompanhada em três ultrassonografias, manteve-se até o final da gestação com os mesmos sentimentos e atitudes em relação ao feto – um menino. Criando um clima tenso, provocativo e desafiador falava muito da ameaça de ser comandada e limitada pelo feto em suas atividades. Desfazia, desqualificava os homens. Não conseguia ver o bebê no monitor e, quando o enxergava, debochava de suas características: sua testa, seu pênis, seu nariz, comparando-os aos do pai e dos irmãos. Como queria uma menina, expressava claramente a sua frustração em ter de levar a gravidez até o final e ter de enfrentar mais um homem. Não aceitava ter parto normal e queria determinar o dia da cesariana. No desejo de reverter a realidade, seguia tratando o feto como menina, não respeitando as limitações que a gestação impunha, provocando, inclusive, alguns incidentes que provavam seu domínio e determinação na relação mãe-bebê.

O nascimento de uma criança pode trazer muitas satisfações e realizações e também muitas dificuldades e desafios. Um deles se deve à própria precariedade do bebê e à sua necessidade de acolhimento para poder se desenvolver. Este ser desconhecido e frágil pode desorganizar e transformar critérios até então conquistados pelos pais. É um desafio à maturidade do casal. Inicialmente, o bebê vive a maior parte do tempo em um estado de não-integração, não-consciência, sem noção da existência da mãe e da separação do eu/não-eu. Não conhece ainda um objeto externo a si mesmo, porque ainda não existe um si mesmo. Embora ele esteja ali, podendo ser visto pela mãe e demais familiares, ele próprio ainda não é uma unidade, e seus vários aspectos ainda estão desconectados. É como se a qualquer momento ele se desmanchasse em pedaços, fazendo-se, então, necessário o sustento da mãe, em profunda sintonia, em uma adaptação absoluta às suas necessidades. O bebê só dá início ao seu desenvolvimento se contar com uma mãe tão sensível quanto ele próprio, com uma mãe que, identificada com ele, sinta as suas necessidades e a elas corresponda.

A vinheta a seguir ilustra a identificação da mãe com o bebê, estabelecida já desde a gestação, dentro do seu corpo. Uma grávida de 12 semanas, cujo feto tinha menos de 6cm, estava calma, relaxada, realizando uma ultrassonografia para translucência nucal e posterior gravação do desenvolvimento do feto. Como este dormia, a ultrassonografista explicou à mãe a necessidade de ela andar um pouco, tossir, para que o bebê acordasse e se mexesse. A mãe surpreendeu a todos com sua resposta taxativa: "Não! Não vou acordá-lo. Ele quer dormir, eu vou deixar assim. Eu espero". E ficou quieta, sonolenta, repousando. Após alguns minutos, propôs retornar outro dia.

Esta fase é temporária, mas, enquanto ela dura, implica um envolvimento total. O sonho relatado por uma gestante ilustra este maior envolvimento ou permeabilidade da mãe: "Eu via naturalmente, através da minha barriga, que estava com a pele transparente, o meu nenê: o tamanho, as feições, os bracinhos, o corpinho e um farto cabelo castanho claro".

Durante a gestação e o puerpério, as mães são muito vulneráveis, necessitando de apoio e compreensão do marido e de outros familiares para poderem exercer a envolvente função da maternagem, vitalmente importante nesses períodos. Winnicott (1956, p.194) assim a definiu: "Ela [a mãe] deve ser capaz de atingir este estado de sensibilidade aumentada, quase uma doença, e recuperar-se dele. Introduzo a palavra 'doença' porque é necessário que a mulher seja saudável, tanto para desenvolver este estado quanto para se recuperar dele quando o bebê a libera".

Essa capacidade de entrega, essa devoção ao filho depende de processos inconscientes; não é deliberada, planejada, tampouco aprendida em leituras ou treinamentos. Independe de idade, estado civil, cor, religião, nível sociocultural. No entanto, mesmo profundamente identificada com o filho, a mãe segue autêntica, mantendo suas próprias características, sabendo que não é dona da vida do bebê, nem de seu destino. Somente facilita um processo que a ele pertence.

É nesse estado de extrema imaturidade e dependência materna que ocorre um sentimento de ligação, de posse mútua. Essa união dá aconchego e segurança ao bebê, que, ao se desenvolver, passa a confiar na mãe. Vai, assim, criando-se nele um sentido de completude, confiança, integração, força e um núcleo de experiência.

Esta atmosfera de atenção e tolerância da mãe às manifestações e sentimentos do bebê proporciona a ele uma experiência de onipotência, uma ilusão de contato com o mundo externo, como se tudo fosse controlado magicamente: o seio aparece, aproxima-se quando ele precisa, assim como o cheiro, o colo, o consolo da mãe. Desse modo, ele cria e recria o objeto e vai se formando dentro dele um processo apoiado na memória e na integração com os objetos e o mundo sentidos gradativamente como reais.

Nem todas as mulheres vivem essa condição especial quando grávidas. Algumas apresentam-na em uma gestação e não em outra, e, por vezes, de forma patológica. Pais que não tiveram tal vivência quando bebês seguem necessitados, buscando permanentemente essa satisfação sem poder proporcioná-la ao filho.

Como vimos no início, há mães que não conseguem "desligar", relaxar seus limites, abandonar seus interesses, sentir um pouco de tranquilidade para conectar-se com o bebê. Invertem a relação, exigindo que o filho adapte-se a seu ritmo, impondo-lhe limites precocemente. Sentem-se ameaçadas, dominadas, controladas pelo bebê. Em uma consulta, a mãe de Ana, um bebê de 5 meses, explicou que a menina deveria aprender, desde cedo, a perder sua sensibilidade, sua dependência, e adaptar-se à mãe, crescendo magicamente. A creche solicitou uma avaliação de Ana porque, desde o primeiro dia, ela chamara atenção por passar a maior parte do tempo dormindo e pouco aceitar a mamadeira. As atendentes observaram que ela vinha perdendo peso, estava apática, sem vida. Conversaram algumas vezes com os pais para expor suas preocupações, mas não obtiveram resposta satisfatória, fato que as vinha deixando mais ansiosas. Ao chegar à consulta, a mãe, uma mulher jovem, vestida à moda atual, inquieta, bem falante, referindo ter uma boutique próxima à creche, desculpou-se: "Não consigo sair para amamentar ou visitar Ana porque não confio nas funcionárias da minha loja. Na verdade, adoro o meu trabalho, não fico longe dele. Voltei a trabalhar em seguida após o parto, recuperei meu corpo imediatamente". Em relação ao bebê, afirmava: "Ela deve se desenvolver, enfrentar a vida, não adianta muita proteção. É bom ser magra desde cedo, nunca terá problemas com gordura. Vai ser modelo, como a Gisele Bündchen, tem que começar cedo. Vai se educando".

Outras mães, muito inseguras emocionalmente, dependem da presença e da conduta do filho para manter seu equilíbrio emocional. Não conseguem afastar-se dele, dar-lhe limites nem permitir que ele os dê. Um exemplo: por telefone, uma mãe queria marcar uma consulta "para desmamar" Roberto, seu filho de 15 meses. Envolvida com o bebê, ela não conseguira retornar ao trabalho no tempo previsto e perdera seu emprego, ficando, desde então, apenas em casa. Não aguentava mais, ele não a deixava em paz, não tinha limites e ela perdera totalmente a sua liberdade e privacidade.

Diante de mim, na minha sala, estava uma mulher com cerca de 30 anos, com um menino miúdo, de olhos escuros muito vivos, esperto, agarrado nela. Ele abria como queria a blusa da mãe, puxando seus seios com força, mamando, mordiscando e me olhando de viés. A qualquer movimento dela, ele respondia com a ameaça de bater, arranhar, puxar seus cabelos. A mãe não sabia o que fazer, ficando apática, vítima de Roberto, que comandava a situação.

O desenvolvimento, tanto de cada bebê quanto de cada dupla mãe-bebê, é único. É um processo complexo, progressivo, que demanda tempo, dedicação, paciência, para que as tendências inatas do bebê possam aparecer. Quando a onipotência e o narcisismo da mãe não são intensos, ela consegue relacionar-se com seu bebê real – separado e fora dela –, aceitando suas diferenças, seu sexo, sua individualidade, com seu próprio desenvolvimento e características. Aos poucos, se a mãe é saudável, a adaptação absoluta vai se perdendo proporcionalmente ao desenvolvimento e afastamento do bebê. Ambos progridem para uma fase de dependência relativa e, posteriormente, rumam à independência, que nunca será total.

Esta passagem da ilusão para a desilusão da mãe e do bebê é essencial para o desenvolvimento e integração deste, que atinge uma relação sentida como real, com apreciação do tempo, do espaço, do outro como objeto total e de outras propriedades da realidade. Aos poucos, ele vai adquirindo consciência de sua dependência e necessidade e da separação da mãe; ela, entretanto, por falhar, desilude-o e frustra-o. O bebê percebe, então, que não é dono da mãe nem do mundo. Quando o bebê, no período inicial, conta com bons cuidados maternos – mãe com consistência, constância, previsibilidade, preocupação com o bebê – soma experiências de satisfação e gratificação que possibilitam construir dentro de si imagens da mãe as quais lhe permitem suportar melhor as frustrações e a separação. À medida que essas representações mentais se instalam, o bebê pode se liberar e não precisar da presença real e constante da mãe; aprende a correr riscos e a enfrentar desafios ao longo da vida.

Quando a maternagem não é suficientemente boa, o bebê já vem privado na sua integração, no seu desenvolvimento, pois não pode contar com imagens internalizadas que o auxiliem na separação. Tudo se torna mais difícil, pois ele deve separar-se de alguém que nunca teve. Quem iria, então, buscar?

É notável como bebês com dias ou meses de vida têm uma história de dificuldades no estabelecimento de sua relação com a mãe. Fui o décimo segundo profissional consultado pelos pais de Júlio, de apenas 15 meses, que se apresentavam impotentes, ansiosos e muito irritados, já no limite. Diziam eles: "Nosso filho é um desafio desde que acorda até a hora em que conseguimos socá-lo na cama. Sempre foi assim". A queda de braço era o modelo de relação entre os três, entremeada por perda de controle, agressões físicas e muita raiva, especialmente em se tratando da mãe. Os pais queriam educá-lo, ensiná-lo. "Está quase um monstro. É insuportável e desgastante. Não quer comer, grita, joga longe as coisas. Não evacua, chora, rola-se no chão, chega a bater com a cabeça na parede, larga os cocôs pela casa. Nós precisamos que ele melhore, e tem que ser com remédio, nem que ele se torne uma farmácia ambulante. Um remédio que o faça dormir, comer e andar direito".

Quando Júlio foi à sessão, mostrou uma melancólica obediência automática à mãe. Parecia um robô, só fazia o que ela, desalentada, determinava. Era um menino magro, abatido, com um ar doente, aflito. Permaneceu triste, apático, olhos baixos. Parecia não saber o que fazer, perdido, com a chupeta na boca, babando. A mãe, irritada, tentava empurrá-lo, como a brincar de algo. Ele não correspondia. Havia uma falta total de sintonia entre a mãe desiludida e o bebê alheio a tudo.

Estou de acordo com Winnicott (1970), que destaca o quanto este desenvolvimento é acompanhado por muitos choques e frustrações que o bebê vai aprendendo a enfrentar. Frequentemente reage, seja com sentimentos de raiva, mágoa, tristeza, seja com condutas de rechaço à mãe, ao seu colo, ao seu carinho, seja com tentativas de agredi-la fisicamente. Pode também não aceitar alimentação, não dormir, mudar por algum tempo atitudes e hábitos. Desafia, não aceita limites, na intenção de demover os pais de suas atitudes. Nestas etapas cruciais, tais reações são comuns, e os pais vão auxiliar se forem claros e seguros nas suas posições, porque estas experiências vão consolidar o desenvolvimento do bebê. Faz parte da relação os pais serem vistos ora como perfeitos e amados, ora, ao contrário, como horríveis e odiados. O essencial é que os pais aceitem essas mudanças bruscas do papel de fada para o de bruxa e sigam, como desde o início, acompanhando a desilusão gradativa desse processo de amadurecimento, suportando com respeito e firmeza as reações da criança. Para ela, é muito importante conhecer o alcance de seus sentimentos de raiva e de suas fantasias, quando frustrada. Com frequência, embora suas fantasias sejam terríveis e destrutivas, são muito boas para poder vivenciar a experiência de que seus pais não foram destruídos, permaneceram ali vivos e inteiros, e, principalmente, sem revidar. Essas práticas repetidas – imprescindíveis ao amadurecimento do bebê – promovem a integração, os limites, a discriminação fantasia/realidade, os sentimentos dentro/fora, a preocupação pelo outro.

Quando os pais sentem medo, raiva, quando perdem os limites e o controle e revidam manifestações da criança, provocam sérios prejuízos ao seu desenvolvimento, impedindo o seu processo de integração. A criança passa a ter medo dos próprios sentimentos, fantasias e atitudes, que são vividos então como muito perigosos, tanto para os outros quanto para si própria, e ela dificilmente vai desenvolver relações amistosas e criativas com os pais, familiares e colegas.

Penso que esta trajetória tem a importante participação colaborativa da mãe, que proporciona o ambiente necessário para que o potencial do bebê se desenvolva, se integre e amadureça, retirando-se gradativamente, conforme seja por ele liberada. Este movimento é muito intrincado, subordina a possibilidade de o bebê ir construindo dentro de si a representação mental da mãe cuidadosa, e, uma vez que esta esteja instalada, identifica-se com ela. Assim, não só o bebê pode separar-se da mãe, como também participar da vida real, da família, com seus limites e hábitos. Não é necessário impor limites, regras de fora para dentro, porque os valores já estão integrados no seu desenvolvimento, fazem parte da estrutura emocional do indivíduo, e assim prosseguirão.

A educação precoce e forçada do bebê, de fora para dentro, na amamentação, no sono, no controle esfincteriano, pode trazer reações violentas ao seu desenvolvimento futuro. Isto porque, em tais circunstâncias, o bebê adaptou-se, foi bonzinho e educado para sobreviver. Sentiu-se impedido de desenvolver seu cerne, de dentro para fora, em uma trilha pessoal; precisou defender-se precocemente das intrusões, limites e traumas, criando casca, desenvolvendo cada vez mais casca, submetendo-se, tornando-se falso, um acumulado de reações ao ambiente.

Quero destacar, de outro lado, a mãe totalmente permissiva, sem vida pessoal, sem limites, sem discriminação, que aceita tudo o que o bebê impõe. Esta mãe é uma escrava do bebê, incapaz de manejar a situação. O medo, a falta de coragem e a manutenção de um mundo ilusório e onipotente criam bebês despóticos, desorientados e desafiadores, que comandam e determinam tudo. Novamente, estamos diante da instalação de fracassos na relação pais-bebê e suas consequências, bem como da natureza e do difícil trato destes transtornos.

Não tenho nem conheço quem tenha receitas, regras ou ensinamentos para desenvolver crianças educadas, obedientes, que atendam aos anseios parentais, mas quero destacar meu respeito e consideração pelos pais que levam seus bebês a um profissional para buscar uma solução para impasses nesta relação. Esta busca implica um abalo em suas auto-estimas. Palavras como "por nós próprios não damos conta, um outro adulto poderá ajudar nosso bebê" manifestam renúncia e generosidade. Penso que, quando isso ocorre, em qualquer etapa da vida, podemos descongelar, flexibilizar e compreender estes estágios precoces e retomar o desenvolvimento interrompido. É uma questão de oportunidade na relação, já que a esperança de viver permanece profundamente em cada um de nós.

A vida é cheia de paradoxos. Ao invés de nos dedicarmos a resolvê-los, podemos tentar vivê-los. Winnicott nos mostra repetidamente, na simplicidade do cotidiano, o sentido de viver. "O fato de que você está disposta a dedicar-se ao cuidado de seu filho significa que ele é afortunado; a menos que alguma circunstância fortuita perturbe sua rotina, seu bebê poderá ir adiante sem dificuldades, e fazê-la saber quando está irritado com você e quando a ama; quando deseja livrar-se de você e quando se sente ansioso e atemorizado, e quando a única coisa que quer é que você compreenda que se sente triste" (Winnicott, 1970, p.78). "Assim, o desenvolvimento do bebê segue naturalmente [...] Para sermos coerentes e, assim, previsíveis para com nossos filhos, devemos ser nós mesmos. Se formos nós mesmos, os nossos filhos poderão chegar a conhecer-nos. Se estivermos representando um papel, seremos certamente descobertos quando formos surpreendidos sem as nossas máscaras" (1969, p.141).

REFERÊNCIAS

WINNICOTT, D.W. (1956). *Preocupação materna primária*. Textos Selecionados: Da Pediatria a Psicanálise. Rio de Janeiro: Livraria Francisco Alves Editora, 1982.

WINNICOTT, D.W. (1960). Teoria do relacionamento paterno-infantil. In: *O ambiente e os processos de maturação*. Porto Alegre: Artmed, 1982.

WINNICOTT, D.W. (1969). A construção da confiança. *Conversando com os pais*. São Paulo: Livraria Martins Fontes, 1999.

WINNICOTT, D.W. (1970). *Por qué lloran los bebés*. Conozca a su niño. Buenos Aires: Paidós, 1970.

3 Séries iniciais: os outros chegaram

Tatiana Da Costa Franarin
e Nina Rosa Furtado

Muitas das dificuldades de relacionamento de crianças de 3 a 7 anos manifestam-se com a entrada na escola. Fora da proteção e da segurança tolerante, e muitas vezes doentia, de pais, babás, avós ou cuidadores em geral, a criança depara-se com um mundo novo e assustadoramente real. Aquelas regras que antes eram controladas e impostas por ela não existem mais ou estão modificadas. A convivência exige limites e respeito, consideração e concessões, atitudes desconhecidas para a criança sem a noção básica do que é frustrar-se.

Limites são regras, combinações, atitudes que determinam aquilo que se pode ou não fazer, incluindo o reconhecimento de que nossos atos têm consequências. Sabemos que respeitar regras é a base para uma vida em sociedade e que a pessoa sem limites em suas ações apresentará importante dificuldade para viver em grupo. Para muitos, o conflito é tão regressivo que a pessoa não percebe onde está o seu limite e onde começam o outro e seu espaço.

Nas últimas décadas, a sociedade mudou rapidamente, surgindo novos padrões de comportamento, modelos de família e papéis de cada um. Juntamente com essas mudanças surgiu uma preocupação, uma constatação ou questionamento por parte de pais, professores e das pessoas de um modo geral: a "criança de hoje" não tem limite? As nossas crianças atuais são piores, mais desrespeitosas que as do passado? É só a criança de hoje ou o adolescente e o adulto também estão com dificuldades em respeitar limites, já há certo tempo?

A falta de limite ocorre em diferentes etapas da vida e em todas as camadas sociais. Nas últimas décadas, seguidamente nos assustamos com situações de extrema falta de consideração, como dois crimes bárbaros que ainda estão na memória de muitas pessoas: um índio queimado enquanto dormia na rua e uma empregada doméstica espancada quando aguardava o ônibus para trabalhar. Esses cidadãos foram violentamente agredidos por grupos de jovens pertencentes a famílias aparentemente bem-estruturadas, estudantes de escolas e universidades tradicionais do País. Em ambos os casos, um fato chamou a atenção: os agressores justificaram seus respectivos atos dizendo "pensávamos que era um mendigo", "pensávamos que fosse uma prostituta". Provavelmente, alguém, em algum momento da vida desses jovens, "ensinou" que mendigos e prostitutas são seres inferiores, que não precisam ser respeitados. A consciência do limite, do respeito às diferenças e à vida do próximo falhou. Será que essa falta de noção de moral, ética e respeito surgiu apenas na adolescência desses jovens ou quando eram crianças eles já demonstravam tais dificuldades? Será que a família transmitiu regras claras de respeito e ofereceu modelos de consideração e ética?

Acredito que alguns fatos históricos contribuíram para a dificuldade que os adultos têm para estabelecer limites às crianças. Dentre eles destacamos a repressão vivida há algumas décadas, quando as regras eram extremamente rígidas e tornaram-se sinônimo de algo negativo, traumático. Logo em seguida, houve uma outra grande mudança social: a mãe, que cuidava em tempo integral de seus filhos, passou a trabalhar fora, e não apenas por realização profissional, mas também por necessidade. Para muitas mulheres, cumprir uma jornada exaustiva de trabalho é imprescindível para o sustento da família. Muitas pesquisas mostram que grande parte dos lares brasileiros são sustentados por mulheres, mães. Surge, então, a culpa, a insegurança e a associação errônea de educação com repressão ou compensação. Os pais mais ausentes, longe de seus filhos, sentem-se inseguros em relação ao amor destes. Há um medo, muitas vezes até inconsciente, de que os filhos não vão mais amá-los, vão preferir as babás, as avós, os amigos e os vizinhos. São comparados com outros pais, que ficam em casa. Como forma de compensar esta "ausência", realizam todas as vontades dos pequenos. Procuram evitar o *não*. Isso pode levar a um grande equívoco, pois dar limites é dar uma referência de afeto, é forma de amor e demonstração de que o filho, ou aluno, é importante e precisa que alguém diga até onde pode ir.

Em 2006, foi realizada uma pesquisa em uma escola particular de Porto Alegre (RS), localizada na zona sul da cidade. A escola tinha, na ocasião, cerca de 400 alunos. Aplicou-se um questionário para ser respondido por todos os alunos, da 2ª série do ensino fundamental à 3ª série do ensino médio. O objetivo da pesquisa era estudar o comportamento das crianças e dos adolescentes perante as novas mídias, como a

Internet (Orkut, MSN), e também a televisão. O questionário continha perguntas de toda ordem e era anônimo, e foi respondido com o consentimento dos pais.

Os resultados obtidos mostraram que 90% dos entrevistados possuía computador em casa, muitos destes tinham um em seus quartos, e 100% tinham televisão, também em seus quartos. O dado que realmente mais impressionou foi o de que as crianças e adolescentes permanecem assistindo televisão em uma média de três a quatro horas por dia e ficam no computador, realizando todo tipo de atividade virtual, em uma média de três a quatro horas por dia. Além das desvantagens físicas, como obesidade e pouco ar livre e sol, o mais triste é que estas atividades são realizadas sozinhas, por mais de sete horas, sem a presença de qualquer adulto que possa orientar, estar junto, dizer algo sobre coisas inadequadas, colocar qualquer tipo de limite. Não há um olhar crítico sobre a informação que está sendo veiculada, a não ser o da própria criança. Aliás, o dado chocante é a solidão das nossas crianças e adolescentes.

Pais e educadores terão que forçosamente apoderar-se também destes instrumentos que fazem parte da rotina das crianças e utilizar as redes virtuais a favor do aprendizado, aumentando o interesse pela linguagem comum, incentivando a pesquisa e falando sobre aspectos pouco éticos que elas encontram nestes solitários passeios virtuais. Colocar limites aqui não é ser contra o computador, que, aliás, veio para ficar e é uma conquista fantástica da nossa época, traz e trará benefícios e conhecimentos incalculáveis. O limite está em poder acompanhar mais nossos alunos e filhos no uso desta nova tecnologia.

Os pais ou cuidadores são os responsáveis por estabelecer limites. Pai e mãe pressupõem autoridade (não autoritarismo). A criança não nasce com conceitos de ética, moral, do que é certo ou errado. As regras criadas pelos pais devem ser claras, objetivas e o seu cumprimento deve ser monitorado. Portanto, quem passa à criança estes conceitos é a família, e não a escola, como muitos pais esperam. A escola tem muitas funções: socializar, educar, ensinar a pensar, a ser criativo, oferecer modelos, dar limites também, mas, seguramente, não é uma clínica para tratamento de problemas emocionais.

Segundo Bossa (2002, p. 46), "muitos educadores afirmam que a falência da família é um fenômeno ou um problema contemporâneo e alegam, principalmente, que os pais já não sabem como educar seus filhos, recorrem a especialistas, delegando tal responsabilidade a professores, psicólogos, médicos". A escola e o professor contribuem e são parceiros nesse processo, mas não são os principais responsáveis pela formação da criança. Na prática, esta tarefa está sendo direcionada para a escola, e esta não tem condições de arcar sozinha com tamanha responsabilidade. Os pais cobram da escola condutas que cabem à família.

Quando a criança chega na escola, já deve ter noção de algumas regras. Na escola, outras regras serão construídas, buscando, juntamente com alunos e famílias, encontrar caminhos, que sabemos, não são claros e simples. Quando a criança participa do processo de estabelecer regras e limites fica mais fácil compreendê-las e, consequentemente, respeitá-las. O professor precisa encontrar, criativamente, formas de envolver a criança na elaboração das regras que vão ser seguidas pelo grupo. Para isso, deverá abrir mão de uma postura controladora e autoritária, que servirá somente para submeter a criança ou desafiá-la.

A instituição escola, ao perceber esta falha na instituição família, pode evitar ficar na superficialidade do fato, apenas apontando dificuldades e reforçando esta via de mão dupla, na qual a culpa caminha de um lado para o outro sem buscar soluções. A escola deve procurar trazer a família para a instituição a fim de que, juntas, repensem e discutam questões sobre limites. Não podemos deixar de lembrar que muitos profissionais da educação também são pais e mães com dificuldades em estabelecer limites para seus próprios filhos e, desta forma, poderão ter dificuldades em construir e monitorar normas dentro do ambiente escolar. Para Vigotsky (2001, p. 65), "educar significa, antes de mais nada, estabelecer novas reações, elaborar novas formas de comportamento".

O limite é algo complexo e subjetivo, portanto, deve ser constantemente repensado por educadores e demais profissionais ligados à educação. É um objeto de estudo permanente, por estarmos constantemente em transformação, sem certezas absolutas ou manuais inventados, como se todas as pessoas fossem iguais. Existe uma subjetividade e originalidade de cada família, criança e escola, que nos leva a constantes adaptações, contextualização, flexibilidade e abertura ao novo. Fica cada vez mais claro, porém, que nossas crianças podem ser rios caudalosos, encantadores e ricos em sua natureza, mas destruidores se não tiverem margens definidas e protetoras.

REFERÊNCIAS

BOSSA, Nádia. *Fracasso escolar*: um olhar psicopedagógico. Porto Alegre: Artmed, 2002.

VIGOTSKY, L. S. *Psicologia Pedagógica*. São Paulo: Martins Fontes, 2001.

4 Pré-adolescência
Vera Lúcia Teixeira

Usamos a expressão hora do *rush* para nos referirmos àqueles horários em que estamos presos ao trânsito, sentindo-nos exigidos, cansados e com acúmulo de afazeres, dos quais às vezes já demos conta pagando um alto preço. No meio do engarrafamento, estamos nos deslocando para cumprir ainda mais demandas. Queremos avançar, mas os carros não andam, não acompanham o nosso ritmo e o nosso pensamento. Parados, queremos atalhar caminhos, pensar em outros trajetos mais curtos, rápidos e menos sofridos. Em muitas situações surgem atropelamentos, batidas, buzinas...

Utilizo esta metáfora para ilustrar os sentimentos que predominam nas crianças pré-adolescentes, vorazes por ação e esgotadas emocionalmente pelas cobranças e ansiedades deste momento. Lidar com todas as demandas de tempo, compromissos, finalizações com sucesso, criar estratégias inteligentes, usar funções executivas precisas, lógicas e sábias não são tarefas fáceis.

As crianças podem "ensaiar" como lidar com a resolução de problemas. Segundo Fuster (1997), as funções executivas, conceitualmente, são consideradas como "um conjunto de funções responsáveis por iniciar e desenvolver uma atividade com objetivo final determinado". Acredito que é com o aprendizado de recursos intelectivos, maturacionais, habilidades de saber parar, pensar, planejar e, então, executar, mesmo que tenhamos que recuar para modificar estratégias idealizadas, que podemos avançar nos jogos e na vida. Para essa árdua tarefa é preciso acionar um amplo espectro de processos cognitivos, atenção sustentada e seletiva, capacidade de pensar e repensar (Cypel, 2006, p.375). Com essa capacidade, é possível buscar soluções para outros problemas que podem surgir, gerenciando recursos cognitivos e emocionais.

A relação da criança e do púbere com os cuidadores, integrada com regras e limites, permite o aprendizado de lidar com frustrações, aprender a aprender, ir e vir, pensar e recriar. "As vivências significativas proporcionadas pelo ambiente, seja nas relações interpessoais, nas atividades escolares ou nos aprendizados de diversas ordens, produzem repercussões na circuitação cerebral, que poderá, como consequência, modelar-se ou remodelar-se, dentro de certos limites, respeitando a plasticidade do sistema nervoso" (Cypel, 2006, p.381).

Isso me faz pensar no "trânsito" cotidiano dos alunos em nossas escolas. Destacarei aqui, em especial, os pré-adolescentes, que se encontram na faixa dos 11 aos 14 anos, aproximadamente. Nesse período, eles estão concluindo a 4ª série do ensino fundamental e ingressando na 5ª série. Para muitos deles, parece ser um momento mágico; para outros, a situação desperta o medo do desconhecido. São bombardeados por afazeres, às vezes até anunciados com antecedência. Ficam perplexos, agitados, sem saber nomear exatamente o que estão sentindo. Afinal, quantas mudanças surgem, literalmente, de um ano para o outro! Aquela professora que era uma referência não existe mais; agora, 11 ou 12 professores trabalharão com esses pré-adolescentes. Isso significa que produzirão em períodos, com tempos previamente estruturados, com demandas mais exigentes que as do ano anterior.

De acordo com Cypel (2006, p.384),

> a atividade escolar exige um conjunto de habilidades com independização, consequentes a sua estruturação cognitiva e emocional prévia. É nessa situação mais estruturada que a criança é progressivamente solicitada a atender regras e disciplina, sejam sociais, na relação com seus colegas, sejam atencionais e de organização, para usufruir a possibilidade de aprender.

Convém aqui salientar aspectos característicos dessa faixa etária, na qual há mais questionamentos, indagações, busca de explicações. Os pré-adolescentes conquistam uma maior autonomia em suas relações diárias, mas necessitam demonstrar ritmo de trabalho rápido. Precisam aprender a conviver com um corpo que se transforma, afirmar-se dentro do seu grupo, aproximar-se do sexo oposto e aprender a relacionar-se com ele, administrando medos, cobranças, críticas, julgamentos. Além de tudo isso, devem manter um espaço para produzir cognitivamente. Nesse momento, volto ao início, à "hora do *rush*". Como administrar tantas demandas, cobranças impostas em tempos, que, muitas vezes, não são deles, mas dos outros (escola, família, colegas). De que tempo dispor para realmente viver? Onde estão os "semáforos" que possam fazê-los parar?

Acredito que, para seguir, é preciso parar. Caso não estejam conseguindo sozinhos, se estão nos pedindo ajuda cotidianamente, nós, adultos, temos que lhes mostrar os limites, de forma clara, honesta, coerente, verdadeira. Só desta forma poderão parar e, a partir daí, respeitar o seu desenvolvimento cognitivo e emocional.

De que forma poderemos tentar? Qual o papel da escola? Qual o papel da família?

> A permissividade dos familiares, sem a devida colocação de limites, favorece a manutenção de comportamentos regredidos na criança, incapaz de conviver com as perdas e frustrações, o que não favorece o seu desenvolvimento emocional e não auxilia no estabelecimento de uma homeostase comportamental. A crença de que tudo pode e a qualquer momento, e que o mundo deve funcionar ao seu modo, acompanhará essa criança nos seus próximos anos, acentuando a sua dificuldade em conviver tanto com regras escolares quanto sociais. A impulsividade segue aumentando, explicitada por respostas automáticas e agressividade sem controle diante de frustrações banais. Isso poderá gerar um círculo vicioso, uma vez que colegas e professores reagirão desfavoravelmente a essa criança, que será vista como inoportuna ou perturbadora da ordem mais saudável dos acontecimentos. (Cypel, 2006, p.384)

Tenho convicção de que acompanhar esse percurso é tarefa difícil, complexa, e, principalmente, mobilizadora dos mais diversos sentimentos nos cuidadores. Desperta desconforto, raiva, culpa, inveja e a busca de controle e poder, que muitas vezes escaparão. Sentir todos os sentimentos é o esperado, mas o que pode fazer diferença é como lidamos com todos eles. Todos passamos pela adolescência, o que não significa que tenhamos obtido vivências saudáveis nessa etapa tão turbulenta e ambivalente. Quando nos deparamos com os filhos ou alunos, identificamo-nos com alguns aspectos que podem facilitar ou obstaculizar o acesso a eles, por isso a discriminação e a assimetria se fazem necessárias, para que possamos manter a nossa função de adultos, pais ou profissionais de escola.

É bastante frequente ouvir pais com sentimentos confusos, ambivalentes: negação, medo, tristeza; sentimentos naturais, que buscam suportar a realidade e aguentar o "não-saber" o que fazer. Podemos entender que, muitas vezes, essas e outras defesas e projeções acionadas são decorrentes de uma sensação de impotência e desamparo. Nessa situação, a escola precisa estar capacitada para entender, acolher, conter manifestações, entendendo que não é algo só criticamente direcionado e pessoal, mas origina-se na angústia que é acionada e que poderemos "segurar". Muitas vezes, precisamos até mesmo dar limites, algo bastante organizador e saudável.

Para conseguirmos lidar com toda essa "carga", é preciso investir em capacitação pessoal e acadêmica, caso contrário, poderemos correr o risco de entrar em uma identificação patológica, misturando-nos de forma inadequada com a família. Esse investimento envolve também recursos internos que os profissionais da área da educação podem ter, obtendo mais capacidade de contenção. É fundamental mantermos a nossa rota. Isso facilitará também o entendimento sobre até onde podemos ir e quando devemos solicitar ajuda de profissionais da área da saúde mental, caso as situações o exigirem.

E as famílias, o que lhes cabe fazer? Acredito na importância do monitoramento dos filhos. Isso significa estar junto dos filhos, conhecê-los, identificar sentimentos manifestados por eles, quando estão bem e quando não estão, entender a fase em que se encontram e exigir aquilo que eles podem fazer, sem transformá-los em algo que os pais gostariam que fossem ou gostariam de ter sido na sua adolescência. É importante dar suporte, acompanhá-los nesse trânsito de cobrança, compromissos, comparações, que já acontecem naturalmente no grupo de amigos. Competições e exigências são sinalizadas frequentemente em festas, em que o menino ou a menina mais "bacana" e popular são aqueles que muitas vezes transgridem a si mesmos, avançando o sinal, agredindo, executando ações as quais não estão prontos para assumir ou que não estão na hora, antecipando e queimando etapas importantes no seu desenvolvimento psíquico, sob pena de ganhar ou perder o *status* no grupo.

Onde está escrito que todos têm o mesmo ritmo de desenvolvimento? Que tempos são esses que não transitam nos tempos de cada um? Cabe à família cumprir o papel de um semáforo, sendo uma importante sinalizadora para seus adolescentes, vendo-os genuinamente, agindo como adultos cuidadores, agentes de sua função e contribuindo para que façam escolhas construtivas para seus destinos, para que seus filhos possam fluir em um trânsito pessoal, com paradas, recuos, avanços, mudanças de rotas, para que também possam carregar dentro deles, nesse processo turbulento, uma bagagem de afetos ensinamentos e a representação da família de cada um dentro de si.

REFERÊNCIA

CYPEL, S. O papel das funções executivas nos transtornos de aprendizagem. In: ROTTA, N.T. et al. *Transtornos da aprendizagem*: abordagem neurobiológica e multidisciplinar. Porto Alegre: Artmed, 2006, p.375-387.

5 Adolescência

Gibsi M. Possapp Rocha
e Eduardo Lopes Nogueira

No mundo de hoje, estamos permanentemente em contato com determinados limites característicos da cultura em que estamos inseridos. Leis, convenções sociais e costumes são diferentes exemplos de limites que o desenvolvimento humano modernamente alcançou. Isso nos traz a ideia de que tais elementos estão em constante desenvolvimento, muitas vezes tornando conflituosa a troca de experiências entre as gerações.

A maioria das pessoas compreende que, para a criação dos filhos, é necessário saber dar limites e regras às crianças e aos jovens. No entanto, poucos estão certos quanto à melhor forma de fazer isso. Então, como lidar com o constante avanço do desenvolvimento dos filhos? Como agir durante as inevitáveis tentativas de avançar os limites feitas pelos adolescentes?

É no período da adolescência que se acentua o contato do indivíduo com os limites que estão além do lar. Nesta fase, inicia-se o trânsito de um indivíduo infantil, que até há pouco estava "sob o poder dos pais", para um indivíduo adulto que alcançará diferentes capacidades e estruturará sua autonomia. É nesse trânsito, chamado de adolescência, que vão ocorrer os primeiros ensaios para a vida adulta, em uma evolução que está destinada a testar limites. Ou seja: é saudável, até certo ponto, que ocorra uma ampliação da disposição dos jovens em desrespeitar ordens e regras.

A tendência a testar limites não é originada apenas pelo aspecto comportamental, cultural ou por influência do grupo de jovens. Na adolescência, ocorrem também importantes modificações biológicas, tão intensas que causam, além das grandes modificações de características físicas e sexuais, importantes mudanças cerebrais e de conduta. O jovem passa a ser naturalmente mais impulsivo e contestador, pois o destino biológico é ultrapassar seu papel de criança e seguir no caminho da construção de uma identidade própria e dar vida a uma nova geração.

Os pais e outros familiares também participam dessa vivência adolescente. Os cuidadores se adaptam a algumas demandas do processo pelo qual o filho ou os filhos passam. Terão de abrir mão do seu cuidado dominante sobre filhos-criança e estimularão gradativamente o desenvolvimento de uma autonomia plena dos filhos-adultos. Isso inclui também a lembrança e o olhar para a sua própria juventude.

OS FILHOS CRESCERAM

A adolescência é uma fase vista de formas muito controversas em nossa sociedade. É comum ouvirmos pais assustados com situações corriqueiras pelas quais eles mesmos passaram em suas adolescências, assim como vemos pais despreocupados com condutas mais graves.

Sabemos, na prática, que o processo adolescente envolve não só os jovens, mas também a família e a sociedade. Pais que planejam ocupar completamente o tempo de seus filhos para não sobrar espaço para os vícios podem causar uma situação tão complicada quanto pais que os deixam muito soltos. Na verdade, não há regras, mas agir sem extremos associando o bom senso a uma boa dose de amor tem efeito positivo na hora de conversar com os filhos.

A seguir, procuramos responder a algumas das questões mais comuns entre os pais que têm filhos adolescentes.

COMO DIZER NÃO?

Não é uma palavra que pode ser muito poderosa, tanto a favor quanto contra alguém. Na hora de dizer *não*, é importante confiar nas próprias convicções, pois dizer apenas uma negativa, sem explicar por quê, provavelmente desencadeará uma reação mais opositiva por parte do adolescente, que contestará a decisão com diversos argumentos. Assim, é importante para o jovem que se explique de forma clara os motivos para um *não* ou um *sim*.

Aqueles chavões que todos já ouvimos, como "eu sei o que é melhor para você", "falei, tá falado" ou "quando eu tinha a sua idade, isso não era assim", podem não ajudar quando se lida com adolescentes. Eles gostam de papo e de argumentar sobre suas ideias e decisões. Aliás, o momento de um impasse é, muitas vezes, ótimo para uma conversa com o filho. Na hora de decidir se ele pode ou não sair, os pais podem aproveitar para saber mais: a demonstração de uma atenção amorosa oferece uma boa chance para haver um diálogo agradável sobre amigos, relacionamentos, perigos e limites.

DEIXAR OU NÃO DEIXAR?

Em primeiro lugar, é preciso dar bastante atenção à proposta do jovem. Ouvi-lo é importante, pois, na maioria das vezes, a melhor decisão é tomada conjuntamente.

No caso de a decisão ficar a cargo dos pais, é fundamental a formulação de uma resposta conjunta, tendo-se o cuidado de um não desautorizar o outro. Outra situação que deve ser evitada é a de eximir-se da decisão, com um "vá perguntar para o seu pai". Como já dissemos anteriormente, esses chavões, consagrados pelo seu uso corriqueiro, confundem o jovem e trazem dúvidas a respeito de uma relação familiar baseada na confiança.

As decisões mais coerentes e educativas são pensadas e decididas com a participação de todos: pais e filhos ou professores e alunos.

PAIS SUPERPROTETORES E PAIS LIBERAIS

Existe uma tática para enfrentar a adolescência? Não, mas nos parece fundamental perceber que todos devem enfrentar juntos a adolescência, o que é bem diferente de enfrentar o adolescente.

Regime militar ou excesso de liberdade? Muitos pais e professores sentem-se mais seguros quando tomam atitudes mais controladoras ou, ao contrário, excessivamente liberais. Nenhum desses exageros funciona bem; no caso de haver mais controle, os limites invadem a liberdade do jovem (o seu quarto, a sua bagunça, o seu mundo); com o excesso de liberdade os limites não são apresentados ao jovem, o que pode levá-lo a uma angústia intensa com a confusão ou a expor-se a situações de risco.

Outras vezes, o que ocorre é algo ainda mais complicado: certos pais desistem de seu papel de cuidadores e não participam ativamente das decisões e do contato com o jovem. Acabam justificando sua dificuldade com respostas do tipo "essa fase é assim mesmo, depois passa" ou "ele só quer saber de ficar no quarto ou no computador".

Para cada situação de impasse na hora de proteger ou liberar o jovem é necessária uma boa dose de conversa e atenção entre pais e filhos. Tanto superproteger quanto liberar em excesso, sem conversar, pode aumentar a tensão entre as gerações. Aquela história de "nem pense nisso, meu filho!" pode ter boa intenção, mas está sendo comunicada de maneira equivocada, pois o "nem pensar" é exagerado. Da mesma forma, manter um contato excessivo com os filhos, usando artifícios para ficar sempre por perto, poderá invadir demais a intimidade do jovem e desencadear um comportamento mais arredio ou uma dificuldade maior em se desligar, devido ao desenvolvimento de um sentimento de insegurança permanente estimulado pelos pais.

Limites importantes a que os adolescentes devem ser submetidos são aqueles relacionados a sua sobrevivência e saúde física e mental, assim como limites à exposição a risco de morte ou uso de drogas. É importante conversar com os filhos até mesmo antes da adolescência sobre essas questões. Dê limites, mas com limites!

CASTIGO

O castigo faz parte do processo educativo, mas é preciso ter cuidado para não exagerar na dose. Castigos que incluem violência física, psicológica ou privações intensas aos jovens sem dúvida atrapalham uma boa relação entre pais e filhos.

Talvez seja fácil rejeitar o uso de violência física ou psicológica no trato com um filho, mas dar-se conta de que o castigo ou limite foi excessivo é bem mais complicado. Por exemplo, proibir um filho de sair à noite, dizendo a ele que nunca mais poderá fazer isso, além de ser um limite excessivo, com o passar do tempo provavelmente não será uma verdade. É mais importante ser consistente nas exigências do que demarcar "os podes e os não-podes".

Na escola, por exemplo, as lições em dia e a dedicação aos estudos devem ser valorizadas e cobradas, mas as notas em si não devem ser o único parâmetro. Nos casos de não-cumprimento do que foi combinado, o limite deve ser aplicado imediatamente, não um mês depois ou "quando seu pai chegar". Também não se pode fingir que nada aconteceu.

O objetivo da crítica deve ser valorizar o conhecimento para o jovem, e não contribuir para baixar sua autoestima ou descarregar a frustração. Quando se trata de conversar, estabelecer limites ou dar um castigo, não se deve fazer isto na frente de outros, de maneira agressiva ou irônica.

É importante que o adolescente tenha a ideia de que deve e pode arcar com as consequências de seus atos, ou seja, ter noções das consequências prejudiciais de suas escolhas. É válido apontar o erro cometido e as justificativas para um castigo ou fazer uma recombinação de limites, mas deve-se evitar fazer longas retrospectivas do passado, que aumentam ainda mais o atrito. Enfim, é preciso deixar claro que não se aprovou a atitude do filho, mas que se continua gostando dele mesmo assim.

UMA GRANDE LIBERDADE, UMA ENORME RESPONSABILIDADE

Que pai ou mãe nunca teve de decidir com dor a respeito da ida de um filho a sua primeira viagem com a família de amigos ou, pior, com a turma de amigos? É uma situação de angústia para todos, e quem não passou por isso certamente ainda passará.

Na hora de decidir sobre uma liberação mais ampla de um filho, é importante pensar que esse é um preparo que já deve estar sendo feito há alguns anos. Anos? Sim, anos. É nos contatos diários, em conversas e na conduta familiar que o jovem vai estabelecendo seu contato com conceitos de responsabilidade, liberdade, amor e respeito.

Não é em uma simples conversa pré-viagem que será tomada a melhor decisão. Não se deve também tirar a importância desse tipo de programa, bem comum atualmente. A viagem de turma, por exemplo, é algo no qual o jovem investe durante meses ou um ano inteiro, e isso deve ser levado em conta na hora da decisão.

Os limites de horários também precisam ser estabelecidos. A liberdade do jovem deve ser assistida, e não simplesmente vigiada, mas para isso é necessário partir da definição das regras de conduta. Muitos pais acham que dar um celular para o filho lhes garante um controle maior.

Mais importante que tudo é combinar, fazer acordos antes das saídas e ir soltando o jovem aos poucos, na medida em que se estabelece a confiança. Estabelecer limites, embora seja difícil e desgastante, significa proteção e cuidado ao jovem que está buscando autonomia, mas ainda não tem maturidade para avaliar o que pode fazer sem correr riscos desnecessários. Essa tarefa, portanto, deve ser assumida pelos pais.

AS AMIZADES

Desde o início da adolescência, os jovens passam a se identificar com grupos de idade próxima e se ligam fortemente a aspectos característicos desses grupos. Buscam na turma acolhimento, referências e sentimento de segurança, o que se expressa na conduta adotada, como o modo de se vestir e de falar, locais frequentados ou ídolos escolhidos.

Esse é o ensaio de um cultivo de vínculos afetivos estáveis, que estão além da família e do lar. Nessa fase, há um movimento complexo em busca de uma identidade própria, e os valores familiares são lembrados como um referencial para a contestação (ouvem-se muitos "nada a ver" neste período). Vale lembrar que contestar, argumentar e discutir é importante para o jovem, e esse comportamento não deve ser desaprovado; deve-se, isto sim, conversar a respeito.

É frequente ouvirmos pais comentarem que seus filhos têm uma tendência a andar com "más companhias". As companhias não devem ser definidas pelo fato de serem diferentes das que os pais gostariam de escolher para os filhos. Os jovens buscam nos grupos, nas contradições e nas condutas opostas o enriquecimento de suas experiências. Verdadeiras más companhias são aquelas que beiram ou realmente têm condutas delinquentes. Nestas situações, é importante conversar com os filhos e expor tais condutas como reprováveis e sujeitas a uma recombinação de limites.

Os jovens são suscetíveis à pressão do grupo, e algumas condutas de transgressão não refletem necessariamente o jovem individualmente, mas sim uma identidade do grupo à qual este pode estar submetido. Conversar sobre esses aspectos é importante, e uma demonstração de amor e cuidado pode ajudar o jovem a evitar tais condutas ou o contato com um grupo delinquente. Controlar e monitorar o grupo todo o tempo, além de estressante, é praticamente impossível. No entanto, é importante que os pais saibam com quem seus filhos estão saindo, indo a festas, ao cinema e, principalmente, quais são os hábitos e comportamentos do grupo. O desenvolvimento de uma identidade própria e o ganho de maturidade durante a adolescência são os aspectos que vão permitir ao indivíduo contrapor-se aos companheiros e confiar em suas próprias convicções.

Manter um relacionamento de amor com os filhos, valorizar e reconhecer suas qualidades é a melhor forma de prevenção, embora não haja regras exatas no que diz respeito às relações. Os pais devem manter com os filhos um bom vínculo e um canal de comunicação aberto, com equilíbrio e bom senso. Além disso, ter decisões consistentes, evitando mudar de opinião por insegurança própria, parece ser uma boa maneira de lhes oferecer o suporte necessário para superar essa fase tão turbulenta.

"FICAR"

Ficar é um termo que define não um, mas alguns tipos de relacionamento que ocorrem principalmente entre os jovens. Para alguns, ficar é só beijar; para outros, pode incluir algo mais que isso. Nessa situação, há uma experimentação mais profunda, que serve como um ensaio para um relacionamento afetivo geralmente mais enriquecedor.

Antes de opinar a respeito deste tipo (ou tipos) de relacionamento, é preciso que os pais tenham em mente que parte da "sociedade adulta" também tomou emprestado dos jovens esta mesma forma de se relacionar. Sim! Muitos adultos "ficam", e alguns de modo parecido com o que ocorre na adolescência.

Enfim, saber que seu filho que há pouco parecia uma criança ficou com alguém não é fácil; pensar que ele foi além dos beijos pode ser muito difícil. Aqui, torna-se mais importante o diálogo franco para entender o momento que o filho está vivendo e abrir um canal de apoio e orientação sobre riscos, relacionamentos e sexo.

SEXO NA ADOLESCÊNCIA

Quando o assunto é sexo, a maioria das pessoas tem dúvidas, as quais se intensificam quando os filhos se tornam adolescentes. Propor o assunto ao filho ou ser abordado para uma conversa a respeito pode ser embaraçoso, mas é, sem dúvida, mais interessante que uma futura exposição a uma gravidez precoce ou a doenças sexualmente transmissíveis por falta de proteção.

No que diz respeito à sexualidade, cada família possui sua estrutura e suas regras próprias. Sentir dificuldade em tocar no assunto de maneira adequada é normal, mas não tira a importância do tema. Assuntos como uso de camisinha, anticoncepcional, doenças relacionadas à sexualidade, menstruação, ato sexual, etc., são muito importantes. No entanto, a conversa, em princípio, não deve causar desconforto intenso. Se isso ocorrer, talvez seja interessante pedir o apoio de um profissional da área da saúde com experiência em lidar com adolescentes para fazer a orientação.

Os pais devem conversar, orientar e incluir algumas combinações, como o uso de camisinha, por exemplo, mas não é possível determinar quando e com quem seus filhos irão transar. Quando o jovem procura os pais para uma conversa, estes não devem se assustar, pois isso demonstra que confia neles e na sua experiência; é uma indicação de que há um bom vínculo. Então, deve-se tentar apenas responder com naturalidade, sem ser investigativo e detalhista, respeitando os limites do filho e os seus próprios. Saber se as dúvidas do filho vêm da sua ansiedade com o novo (que é tabu), da pressão do grupo e da sociedade ou de seu próprio desejo é uma atitude válida para ajudá-lo a compreender-se e tomar decisões coerentes e mais seguras.

Faz sentido dar preservativos para o filho, se houver uma relação de intimidade em que o assunto já seja francamente conversado. Caso contrário, pode parecer (e ser) uma expectativa de que o jovem *deve* transar e que, para isso, basta usar a camisinha, minimizando a importância da questão sexual como também integrante da identidade do jovem.

O desejo de sempre ir mais longe é o que move o adolescente. Isso pode se refletir em uma busca sadia de avanços com limites, ou problemática, com transgressões, sem o surgimento do senso de responsabilidade. A perda do contato com os limites é um dos fatores que deixam os jovens mais expostos a riscos, como o da Aids, por exemplo. Os jovens têm um sentimento ilusório de poder sobre a vida e sentem-se invulneráveis. Eles também tendem a ser imediatistas, não pensando nas consequências de seus atos. Por isso, é importante os pais deixarem o constrangimento de lado e conversarem com seu filho a respeito da Aids. Em algum momento, ele iniciará a sua vida sexual, e é fundamental que tenha responsabilidade para exercê-la de modo seguro e consciente.

É normal que os pais se sintam ansiosos em querer proteger seu filho, já que vivemos em um mundo violento e competitivo. Mas nem tudo significa uma ameaça. É preciso saber distinguir e, antes de tudo, dar condições para que os filhos aprendam a se virar sozinhos quando for preciso.

DORMIR NA CASA DO NAMORADO(A)

Muitos fatores devem ser levados em conta quando se trata de permitir ou não que o filho ou filha durma na casa do(a) namorado(a), tais como a cultura da própria família, a idade, o vínculo do jovem casal e a sua capacidade para lidar com esta liberdade.

Quanto ao namoro, os pais devem reconhecer e respeitar seus próprios limites, e dosar isso com o progresso normal que o adolescente faz rumo à sexualidade madura. Têm todo direito de dizer que não se sentem à vontade quando os filhos passam a noite em casa com os respectivos namorados, porém, sexo responsável é algo que pode fazer parte da vida adolescente normal.

Achar que um filho é muito jovem ou imaturo para transar é válido, mas não deve ser uma preocupação que atravessa toda a adolescência.

Dentro de casa são os pais que estabelecem os limites, mas é importante a cooperação de todos; é válido que falem abertamente ao filho que não se sentem bem com ele fechado no quarto com a namorada ou com perda da própria privacidade. Se estes aspectos não são empecilhos para a família, pode-se aproveitar o momento para uma conversa sobre relacionamento, sexo e segurança – incluindo a ideia de que namoro sério e amor também combinam com camisinha e anticoncepção.

E A MESADA?

Falar em dinheiro é falar em limites. Muitas famílias não têm a mesada como parte de sua cultura. Mesmo assim, em alguns momentos, o adolescente solicitará a compra de algo e necessitará inteirar-se do valor e das possibilidades de comprá-lo. É uma oportunidade interessante para lhe proporcionar o contato com a economia doméstica, que inclui rendimentos, contas, compras e a importância de ter cautela nas finanças. Excessos de compras ou gastos exagerados devem ser contidos, se possível, ou devem partir da própria economia da mesada, se for o caso.

Alguns pais têm dificuldade em ser prudentes em relação aos gastos dos filhos e também aos seus próprios. Mesmo tendo condições financeiras, nem sempre o bem desejado deve ser comprado. O processo de "conquistar" esta aquisição ajuda o adolescente a ser menos imediatista e a tolerar frustrações.

CONSIDERAÇÕES FINAIS

A adolescência é complexa e envolve mudanças estruturais não apenas no jovem, mas também na família. A família é o refúgio ao qual o adolescente pode retornar após suas incursões exploratórias no mundo extrafamiliar. Os pais precisam ter a flexibilidade de aceitar este retorno após terem sido desprezados pelo adolescente.

Assim como os filhos, os pais também precisam ser "cuidados", apoiados em sua função parental, ajudados a dar sentido ao comportamento e às relações de seus filhos. Pais bons são aqueles que também erram, pois pais perfeitos – se existissem – imporiam aos filhos a insustentável responsabilidade da perfeição.

6 Os universitários

Maria Lúcia Andreoli de Moraes, Jurema Kalua Potrich,
Jairo Araújo, Jacqueline Poersch Moreira,
Gilze de Moraes Rodrigues Arbo,
Ângela Pratini Seger e Alfredo Cataldo Neto

Neste capítulo, propomos uma reflexão a respeito dos limites necessários no processo educativo para o desenvolvimento do pensamento formal na criança e no adolescente, o estabelecimento da capacidade de considerar o outro como um ser tão importante como si próprio, bem como pensar sobre o sistema educacional vigente em nosso País como frágil promotor destas habilidades.

Os limites ou fronteiras nas relações interpessoais suscitam a discussão sobre o que é convencionalmente aceito no mundo privado dos indivíduos e em sua expressão no mundo coletivo. Nesta perspectiva, a instância universitária e seus limites, objeto desta reflexão, face à evolução libertadora dos costumes na sociedade apresenta dificuldades de avaliação e manejo nas relações interpessoais entre professores e alunos. Estes, via de regra, ao ingressar na universidade, sabem ou deveriam ter ciência do marco referencial que direciona a instituição, seja esta de origem laica ou confessional.

Deste modo, tratar da questão dos limites no âmbito acadêmico torna-se algo que poderia passar como desnecessário, uma vez que estamos lidando com pessoas que já deveriam ter parâmetros de cuidado na relação com o outro. Nossos estudantes chegam à universidade, no mínimo, com 16 anos, idade em que, pelos critérios tradicionais de socialização, deveriam exibir comportamentos pautados pela consideração no que se refere ao outro, seja colega, professor ou funcionário. No entanto, tem sido queixa comum dos professores a emergência cada vez mais frequente de comportamentos que denotam uma quase ausência desta consideração.

Impressiona aos professores o desconhecimento que boa parte dos estudantes apresenta no que diz respeito a regras de convívio social, respeito e, ainda mais, cooperação e solidariedade com colegas, professores e funcionários. As verbalizações dos professores sobre estes aspectos, de modo geral, expressam estranheza, consternação ou mesmo hostilidade. Sentimo-nos surpresos e mal-impressionados com a dificuldade crescente que os estudantes apresentam nas interações interpessoais, com as demonstrações, às vezes manifestas, de preconceitos de toda ordem e com o individualismo e a competitividade que pautam boa parte das comunicações entre os jovens acadêmicos.

É voz corrente entre os professores a dificuldade que se vivencia atualmente na questão dos limites e do estabelecimento das regras de funcionamento do espaço de sala de aula, com a necessária delimitação do papel do professor como autoridade aí presente. Ilustrativo desta situação é o relato de um professor a respeito de um aluno que entra em sala de aula portando um jornal diário. Senta-se ao fundo da sala, abre o jornal e fica lendo durante a exposição teórica do referido professor. Ou o casal de estudantes que "ficam" durante uma aula, aos beijos e abraços. O professor tenta, a princípio, ignorar a situação, porém, os colegas começam a se agitar. O professor relata dificuldades para lidar com este tipo de acontecimento, representativo do tema do presente capítulo.

É importante que se possa refletir a respeito deste fenômeno psicossocial, uma vez que certamente poderá ser melhor compreendido se pensarmos a respeito de algumas questões que tratam das subjetividades contemporâneas e os desafios enfrentados atualmente pelos educadores que lidam com crianças nas escolas.

A questão dos limites reveste-se de características complexas, no sentido da *complexidade* proposta por Edgar Morin (2007). Isto significa que não podemos estudar um tema descolando-o de todo o contexto ao qual ele se interliga. É necessário examinar as conexões existentes entre os fenômenos para poder melhor compreendê-los e, assim, propor soluções que atentem para os aspectos centrais da questão, e não apenas para os periféricos.

Ampliando a discussão, Lebrun (apud Melman, 2003) afirma que estamos diante de uma *crise das referências*, ao constatar que atualmente as pessoas encontram dificuldades por não disporem de balizas para as tomadas de decisão ou de análise das situações de seu cotidiano, prevalecendo a busca incessante da satisfação, individual e imediata. O autor comenta que atualmente "os professores, por exemplo, com frequência devem apelar ao carisma para dissimular a ausência da autoridade simbólica de que dispunham outrora. Eles devem seduzir para ensinar" (p. 9). Tal fato decorre, provavelmente, da falta de significado e da desvalorização que as figuras representativas de autoridade e identificação encontram em uma sociedade que derrubou todo o tipo de verdade absoluta, pautando-se por modelos de curta duração, bem como de frágil consistência.

REVENDO AS IDEIAS DE ALGUNS TEÓRICOS

A construção na noção de limite está vinculada ao desenvolvimento cognitivo e afetivo. De acordo com Jean Piaget (apud Wadsworth, 1981), é impossível encontrar um comportamento oriundo apenas da afetividade, sem nenhum elemento cognitivo. É igualmente impossível encontrar um comportamento composto só de elementos cognitivos. Os aspectos cognitivos, a afetividade e a moralidade autônoma desenvolvem-se de forma dinâmica e paralela. Dessa maneira, para o autor, o processo de construção da moralidade autônoma está relacionado à construção da autonomia intelectual.

Goulart (1995, p. 64) refere que as trocas sociais com o adulto têm grande importância. É através da conversa (e, portanto, exercitando a função de representação) que a criança entra em contato com o que é permitido e o que é proibido. São essas experiências sociais que vão constituindo a possibilidade do desenvolvimento da moralidade autônoma. Para Piaget (apud Jovchelovitch, 2000), a criança, após viver um período inicial de confusão entre o eu e seu outro, passa pelo processo de descentração quando consegue perceber a si mesma como um entre os demais, deixando de ser o centro do mundo. A autora salienta este processo como básico para o estabelecimento da etapa das operações formais, quando a capacidade abstrativa se desenvolve como tal.

Donald Winnicott (1983) igualmente trata desta questão quando mostra a emergência do *espaço potencial* como indicativo de que a criança neste estágio consegue lidar com a ausência da mãe, pois já tem a representação desta dentro de si, podendo criar, a partir daí, situações que lhe garantam conforto e interação com o mundo externo, isto é, com as demais pessoas presentes no seu campo psicossocial. Para o autor, este é o espaço onde se desenvolve a capacidade simbólica, a qual garante a possibilidade legítima de comunicação com o outro. A consideração pelo outro só poderá advir da superação interna da fusão primária entre mãe e criança, permitindo que se estabeleçam laços de companheirismo, amizade e cooperação entre as pessoas, por mais diferentes que estas sejam umas das outras.

Neste processo de desenvolvimento, à medida que se desenrola a *descentração* e a criança encontra suporte adequado para suas novas necessidades de autonomia, torna-se possível suportar frustrações, convivendo com o outro através de suas crescentes expressões simbólicas. Aos poucos, a criança e o adolescente vão adentrando no mundo sociocultural, contribuindo para o mesmo com sua capacidade expressiva singular.

DISCUTINDO A QUESTÃO DOS LIMITES

Partindo destes pressupostos iniciais, pode-se pensar a respeito da situação dos jovens que hoje chegam à universidade, com as dificuldades detectadas pelos professores nas mais diversas áreas: respeitar limites, considerar o outro como dotado de direito a manifestar suas particularidades e, entre outras, realizar as operações formais ou abstrativas. A dificuldade de abstração se manifesta principalmente nas áreas da leitura, interpretação de textos e redação. Pode-se compreender, por exemplo, que o estudante prefira "colar" da Internet porque apresenta muita dificuldade para ler um texto, compreender seus aspectos principais através da abstração, exercer a crítica a respeito e escrever suas próprias ideias, compondo um novo texto através do exercício da autonomia intelectual.

Certamente estas constatações nos levam a refletir a respeito da situação do ensino fundamental em nosso País. Se os jovens chegam à universidade com tais dificuldades, pode-se pensar que há falhas muito graves na formação das crianças desde os primeiros níveis da escola. É provável que as atividades propostas venham a exigir das crianças mais habilidades de reprodução do que de autonomia do pensamento. Se as crianças e os adolescentes não são estimulados a exercitar o pensamento crítico, provavelmente apresentarão dificuldades nesta área.

A escola tem papel de extrema significação na educação do ser humano. Não é possível aceitar o discurso dissociado de que é a família a única responsável pelo processo educacional do ser humano, e que à escola cabem apenas os aspectos relacionados ao desenvolvimento cognitivo. É papel da escola preocupar-se com o desenvolvimento integral do ser humano. Evidentemente, a família oferece a base da constituição do sujeito, na qual a criança tem seu lugar específico como filho, irmão, etc. No entanto, na escola ela fará a essencial e rica experiência de ocupar papéis diferenciados, mais flexíveis, diferentes do contexto familiar. Sobre isto e referindo-se à caracterização do estágio categorial do desenvolvimento proposto por Henri Wallon, Amaral (in Mahoney e Almeida, 2000, p. 53) afirma que "o exercício de diferentes papéis com solicitações diferentes a leva a uma crescente individuação, a se perceber cada vez mais como um eu em relação a outros, em um processo de conflitos e cooperação com os demais".

Desta forma, a escola tem responsabilidade significativa na construção da autonomia, desde os primeiros momentos em que dela a criança começa a participar e enquanto, jovem ou adulta, nela estiver incluída. A autonomia é construída quando tomamos decisões e nos responsabilizamos por elas, seja em casa ou na escola. Ter esta oportunidade, esta liberdade, que encontra seu limite na liberdade do outro e é organizada nas relações sociais que estabelecemos, define as formas de nossa participação e inclusão no contexto no qual convivemos. Este processo, que é iniciado nas relações familiares, desenvolve-se em continuidade dinâmica e gradativa na educação escolar.

Para Freire (1998), a autonomia, como processo de amadurecimento, não acontece em momento determinado ou com data marcada; ela vai sendo construída por meio de experiências que estimulem escolhas responsáveis, a partir de uma pedagogia que possibilite tomar decisões, acolhendo a participação dos pais e educadores, não como uma intromissão, mas um dever, não decidindo pelo outro, mas promovendo a reflexão, a análise das consequências das decisões a serem assumidas. Sendo assim, tanto família quanto escola têm o seu compromisso com este processo.

Como professores universitários, nossa principal missão é oportunizar condições favoráveis para que os estudantes desenvolvam habilidades específicas da profissão que escolheram, promovendo sua inserção crítica no contexto social, com plena assunção de suas prerrogativas como cidadão, utilizando-se da autonomia construída, agora amadurecida, frente ao contexto profissional. É fundamental que o professor possa refletir maduramente a respeito do lugar que ocupa, pois ele talvez represente uma das poucas oportunidades de apoio que o estudante encontra em um modelo de identificação coerente e afetivo, aspectos que transcendem a mera concepção conteudista. É função primordial do professor trabalhar no nível educativo de modo a integrar em suas práticas diárias tanto os aspectos cognitivos quanto os afetivos e psicossociais.

Encontramos nos estudantes comportamentos regressivos que tendem a aflorar à medida que lhes é exigido que respondam de modo autônomo às demandas acadêmicas e eles, certamente, não se sentem capacitados para tal. Encontramo-nos frente a comportamentos que nos reportam a um processo ainda muito imaturo no que se refere à construção de sua autonomia. Pode-se pensar que esta situação, pelo nível de ansiedade despertado, leva os estudantes a buscar as soluções encontradas ao seu alcance, cada um de acordo com a sua bagagem cultural, social e afetiva trazidas para a universidade.

O excessivo imediatismo estimulado em nossa sociedade faz com que os estudantes tenham dificuldade para aceitar o ritmo pelo qual se processam os fenômenos subjetivos de construção e desconstrução dos conceitos. Cremos que isto também pode valer para nós, professores, pois estamos exigindo um nível de abstração e maturação de nossos alunos ainda não atingido por eles. Acrescente-se a isso que a televisão, acessível a praticamente toda a população brasileira, apresenta poucas alternativas de programação realmente culturais e educativas, resumindo-se a oferecer produtos com características meramente reprodutivas.

Quando ocorre a possibilidade de interação com o público, este não tem potencial para oferecer o desenvolvimento do pensamento crítico, pois as questões propostas referem-se basicamente a aspectos irrelevantes do ponto de vista psicossocial ou sociocultural. Assim, os meios de comunicação, deixados ao sabor das demandas de mercado, encontram espaço aberto para suas campanhas, promovendo o desenvolvimento de subjetividades cada vez mais dependentes das exigências consumistas em qualquer nível, seja material, cultural ou psicossocial.

CONSIDERAÇÕES FINAIS

Como foi mencionado, estamos recebendo na universidade sujeitos cada vez mais jovens e imaturos, o que nos remete a diagnosticar mais detalhadamente o nível de funcionamento em que se encontram nossos alunos para poder auxiliá-los a retomar etapas não-trabalhadas em seus processos de desenvolvimento. Esta consideração pela situação real em que se encontram representa, da nossa parte, respeito pela situação do outro, sem querer impor de fora para dentro exigências descabidas.

A questão dos limites parece-nos diretamente articulada com estes aspectos todos, pois se o estudante for auxiliado em seu processo de desenvolvimento integral poderá atingir efetivamente um nível de compreensão adequado à etapa da vida em que se encontra. Se for estimulado a pensar criticamente, podendo compreender que os demais têm os mesmos direitos de expressão, é provável que a questão dos limites torne-se mais facilmente administrada. Pensar criticamente, situar-se efetivamente no âmbito sociocultural, aprender a respeitar o outro, conforme assinala Pedrinho Guareschi (1998), poderá produzir relações mais igualitárias entre as pessoas, menos ansiedade nas interações e mais condições para que os limites sejam compreendidos como necessários à vivência humana na sociedade.

REFERÊNCIAS

AMARAL, S. Estágio categorial In MAOHNEY, A.; ALMEIDA, L. (orgs.). *Henri Wallon* – Psicologia e educação. São Paulo: Edições Loyola, 2000.

FREIRE, P. Pedagogia da autonomia. São Paulo: Editora Paz e Terra, 1998.

GOULART, I. B. *Piaget*: experiências básicas para utilização pelo professor. Petrópolis: Vozes, 2000.

GUARESCHI, P. Alteridade e relação: uma perspectiva crítica. In: ARRUDA, A. *Representando a alteridade*. Petrópolis: Vozes, 1998.

JOVCHELOVITCH, S. *Representações sociais e esfera pública*. Petrópolis: Vozes, 2000.

MELMAN, C. *O homem sem gravidade*: gozar a qualquer preço. Rio de Janeiro: Companhia de Freud, 2003.

MORIN, E. Desafios da transdisciplinaridade e da complexidade. In: AUDY, J. L. N.; MOROSINI, M. C. (orgs.). *Inovação e interdisciplinaridade na universidade*. Porto Alegre: EDIPUCRS, 2007.

WADSWORTH, B. J. *Inteligência e afetividade da criança na teoria de Piaget*. São Paulo: Pioneira, 1997.

WINNICOTT, D. W. *O ambiente e os processos de maturação*: estudos sobre a teoria do desenvolvimento emocional Porto Alegre: Artmed, 1983.

PARTE II
Limites em situações especiais

7 A hiperatividade e o déficit de atenção

Ana Sfoggia e Nina Rosa Furtado

O TDAH (Transtorno de Déficit de Atenção/Hiperatividade) é um dos transtornos mentais mais comuns na infância, caracterizando-se por impulsividade, hiperatividade e desatenção. Quando não identificado e adequadamente tratado, pode perpetuar-se na vida adulta, causando prejuízos na vida escolar, profissional e afetiva. Crianças com TDAH costumam agir antes de pensar e são inquietas. Correm, caminham excessivamente em sala de aula e escalam móveis enquanto os outros estão sentados. Não esperam sua vez para falar. Com frequencia, esquecem e perdem coisas, tocam e brincam com tudo o que veem e têm dificuldade em controlar suas emoções.

Na adolescência, estão expostos a situações de perigo por não reconhecer riscos e quebrar regras além das esperadas para esta etapa do desenvolvimento. Esses sintomas, muitas vezes, levam à rotulação dessas crianças e desses adolescentes como preguiçosos ou burros, culminando em baixa estima, agressividade, piora do rendimento e evasão escolar. Na vida adulta, ocorrem índices mais elevados de acidentes automobilísticos, perda de emprego, divórcio, dificuldades nos cuidados parentais e maiores gastos com saúde.

A agressividade relacionada ao TDAH vem da impulsividade e também da dificuldade de compreensão dos adultos e de seus pares quanto a esse diagnóstico. Tal comportamento agressivo muitas vezes culmina em problemas de aprendizagem, adaptação e interação social, podendo levar ao isolamento e à evasão escolar.

Os pais e professores são indispensáveis no reconhecimento e tratamento desse transtorno. Estudos mostram que o treinamento adequado para trabalhar os limites com essas crianças é altamente eficaz na redução dos excessos comportamentais em casa e na escola e que propicia aumento da autoconfiança. Os sintomas de TDAH podem impedir as crianças de concluir atividades e de prestar atenção, inclusive nas reprimendas dos adultos. Essas

68 Nina Rosa Furtado & Cols.

Critérios diagnósticos de TDAH (DSM-IV)
Critérios Diagnósticos para Transtorno de
Déficit de Atenção/Hiperatividade

A. Ou (1) ou (2)

(1) seis (ou mais) dos seguintes sintomas de desatenção persistiram pelo período mínimo de 6 meses, em grau mal-adaptativo e inconsistente com o nível de desenvolvimento:

Desatenção:
  (a) frequentemente não presta atenção a detalhes ou comete erros por omissão em atividades escolares, de trabalho ou outras;
  (b) com frequência tem dificuldades para manter a atenção em tarefas ou atividades lúdicas;
  (c) com frequência parece não escutar quando lhe dirigem a palavra;
  (d) com frequência não segue instruções e não termina seus deveres escolares, tarefas domésticas ou deveres profissionais (o que não se deve ao comportamento de oposição ou à incapacidade de compreender instruções);
  (e) com frequência tem dificuldade para organizar tarefas e atividades;
  (f) com frequência evita, demonstra ojeriza ou reluta para se envolver em tarefas que exijam esforço mental constante (como tarefas escolares ou deveres de casa);
  (g) com frequência perde coisas necessárias para tarefas ou atividades (p.ex., brinquedos, tarefas escolares, lápis, livros ou outros materiais);
  (h) é facilmente distraído por estímulos alheios à tarefa;
  (i) com frequência apresenta esquecimento em atividades diárias;

(2) seis (ou mais) dos seguintes sintomas de hiperatividade persistiram pelo período mínimo de 6 meses, em grau mal-adaptativo e inconsistente com o nível de desenvolvimento:

Hiperatividade:
  (a) com frequência agita as mãos ou os pés ou se remexe na cadeira;
  (b) com frequência abandona sua cadeira em sala de aula ou outras situações nas quais se espera que permaneça sentado;
  (c) com frequência corre ou escala móveis em demasia, em situações nas quais isto é inapropriado (em adolescentes e adultos pode estar limitado a sensações subjetivas de inquietação);
  (d) com frequência tem dificuldade para brincar ou se envolver silenciosamente em atividades de lazer;
  (e) com frequência está "a mil" ou vezes age como se estivesse "a todo vapor";
  (f) com frequência fala em demasia.

Impulsividade:
  (g) com frequência dá respostas precipitadas antes de as perguntas terem sido completamente formuladas;
  (h) com frequência tem dificuldade para aguardar sua vez;
  (i) com frequência interrompe ou se mete em assuntos alheios (p.ex., intromete-se em conversas ou brincadeiras);

B. Alguns sintomas de hiperatividade-impulsividade ou desatenção que causaram prejuízo estavam presentes antes dos 7 anos.

C. Algum prejuízo causado pelos sintomas está presente em dois ou mais contextos (p.ex., na escola [ou trabalho] e em casa).

D. Deve haver claras evidências de prejuízo clinicamente significativo no funcionamento social, acadêmico ou ocupacional.

E. Os sintomas não ocorrem exclusivamente durante o curso de um Transtorno Global do Desenvolvimento, Esquizofrenia ou outro Transtorno Psicótico, e não são melhor explicados por outro transtorno mental (p.ex., Transtorno do Humor, Transtorno de Ansiedade, Transtorno Dissociativo ou um Transtorno da Personalidade).

(continua)

> **Critérios diagnósticos de TDAH (DSM-IV) (*continuação*)**
> **Critérios Diagnósticos para Transtorno de**
> **Déficit de Atenção/Hiperatividade**

Codificar com base no tipo:

314.01 Transtorno de Déficit de Atenção/Hiperatividade, Tipo Combinado: se tanto o Critério A1 quanto o Critério A2 são satisfeitos durante os últimos 6 meses.

314.00 Transtorno de Déficit de Atenção/Hiperatividade, Tipo Predominantemente Desatento: se o Critério A1 é satisfeito, mas o Critério A2 não é satisfeito durante os últimos 6 meses.

314.01 Transtorno de Déficit de Atenção/Hiperatividade, Tipo Predominantemente Hiperativo-Impulsivo: se o Critério A2 é satisfeito, mas o Critério A1 não é satisfeito durante os últimos 6 meses.

Nota para a codificação: Para indivíduos (em especial adolescentes e adultos) que atualmente apresentam sintomas que não mais satisfazem todos os critérios, especificar "Em Remissão Parcial".

---

reações levam a uma conflituosa interação criança-professor e criança-pais, provocando raiva, irritação, intolerância e até castigos por parte dos cuidadores. A criança se sente diferente, maltratada e incompreendida. Quem cuida e convive com elas, muitas vezes não sabe que atitude tomar. O professor vê seu trabalho prejudicado; agitação em aula, desatenção e quebra da rotina de trabalho dos colegas por parte da criança rapidamente a tornam uma "criança-problema", estigma esse que poderá acompanhar toda a trajetória escolar, reforçando uma autoestima frágil.

Temos de considerar ainda que o TDAH é um transtorno que tem altos índices de comorbidades, entre elas, o Transtorno Desafiador de Oposição, o Transtorno da Conduta, a Depressão, os Transtornos de Ansiedade e o Transtorno do Humor Bipolar, o que reforça a necessidade de avaliação profissional.

PAIS E PROFESSORES: COMO AJUDAR

Como em todas as situações que envolvem comportamentos e sentimentos humanos, não existem fórmulas prontas ou fáceis. Podemos sugerir entendimentos e ações que colaborem para um relacionamento mais harmônico e construtivo, promotor do desenvolvimento e da tranquilização em ambos os lados, isto é, cuidadores e criança.

Os pais e os professores devem criar regras claras e simples quanto ao funcionamento da casa e da sala de aula. Pode-se lançar mão de recursos visuais como cartazes com listas de horários e atividades correspondentes, que serão expostos e lidos com a criança a fim de constatar seu entendimento. Quando em aula, a explicação será para toda a turma, evitando um tratamento discriminatório.

Sabe-se, também, que a criança com TDAH , aliás, como todos nós, terá maior capacidade de concentração em tarefas que sejam de seu interesse; portanto, deve-se conhecer esses gostos e oferecer a ela possibilidades de contato com essas atividades.

É sempre interessante e esclarecedor consultar um profissional especializado em TDAH e, se necessário for, encaminhar a criança ou o adolescente a um especialista capacitado no diagnóstico e tratamento do TDAH.

Pode-se observar, também, de que maneira a criança melhor aprende em casa e na escola, proporcionando situações mais adequadas a seu funcionamento, como aulas mais participativas e recursos interessantes.

Descobrir formas de fazer a criança desfrutar da aprendizagem e de obter ganhos em vez de frustrações, medos e aborrecimentos, é o grande desafio de pais e professores. Muitas vezes é necessário desenvolver e manter um contato visual mais frequente com o aluno com TDAH, mesmo que seja preciso se abaixar e se colocar na altura da criança. No momento da fala, é preciso ser específico e direto nas ordens, solicitando uma de cada vez, esperando que a criança obedeça. Não será produtivo exigir várias tarefas ao mesmo tempo, a criança com TDAH não poderá executar todas. Busca-se qualidade, não quantidade. É muito útil e estimula a autoestima conferir à criança responsabilidades apropriadas a sua idade.

Os professores poderão usar um caderno ou uma agenda que sirva para a comunicação diária entre os pais e a escola, com informações de mão dupla. Pais e professores, sempre que possível, devem ensinar a criança a interagir com os demais, olhar nos olhos quando falar com o colega e estimular o aluno a procurar um companheiro para os estudos – o que muitas vezes ocorre espontaneamente.

Tanto pais quanto professores devem estar atentos a situações de menor importância, relevando infrações da criança que não sejam graves, mas agindo com firmeza e adequação naquelas que o forem.

As instruções devem ser dadas na forma positiva ao invés de precedidas da palavra "não": "não faça isso", "não toque", "não grite", etc. Não se deve variar com frequência a rotina da criança, pelo contrário, é preciso que ela esteja o mais estável possível e, especialmente, valorizada e estimulada quanto a suas conquistas e aptidões.

TRANSTORNO DA CONDUTA

Atitudes como mentir, roubar e cabular aulas são comuns na infância quando de ocorrência isolada ou pouco frequente. No entanto, quando esses comportamentos se tornam repetitivos e trazem prejuízos para a criança e para a

Limites **71**

Critérios Diagnósticos para Transtorno da Conduta (DSM-IV)

A. Um padrão repetitivo e persistente de comportamento no qual são violados os direitos individuais dos outros ou normas ou regras sociais importantes apropriadas à idade, manifestado pela presença de três (ou mais) dos seguintes critérios nos últimos 12 meses, com pelo menos um critério presente nos últimos 6 meses:

Agressão a pessoas e animais
(1) frequentemente provoca, ameaça ou intimida outras pessoas
(2) frequentemente inicia lutas corporais
(3) utilizou uma arma capaz de infligir graves lesões corporais (p.ex., bastão, tijolo, garrafa quebrada, faca, arma de fogo)
(4) foi fisicamente cruel com pessoas
(5) foi fisicamente cruel com animais
(6) roubou com confronto direto com a vítima (p.ex., bater carteira, arrancar bolsa, extorsão, assalto à mão armada)
(7) forçou alguém a ter atividade sexual consigo

Destruição de propriedade
(8) envolveu-se deliberadamente na provocação de incêndio com a intenção de causar sérios danos
(9) destruiu deliberadamente o patrimônio alheio (diferente de provocação de incêndio)

Defraudação ou furto
(10) arrombou residência, prédio ou automóvel alheios
(11) mente com frequência para obter bens ou favores ou para evitar obrigações legais (isto é, ludibria outras pessoas)
(12) roubou objetos de valor sem confronto com a vítima (p.ex., furto em lojas, mas sem arrombar e invadir; falsificação)

Sérias violações de regras
(13) frequentemente permanece na rua à noite, apesar da proibição dos pais, iniciando antes dos 13 anos
(14) fugiu de casa à noite pelo menos duas vezes, enquanto vivia na casa dos pais ou lar adotivo (ou uma vez, sem retornar por um extenso período)
(15) frequentemente não comparece às aulas, iniciando antes dos 13 anos

B. A perturbação no comportamento causa prejuízo clinicamente significativo no funcionamento social, acadêmico e/ou ocupacional.

C. Se o indivíduo tem 18 anos ou mais, não são satisfeitos os critérios para o Transtorno da Personalidade de Antissocial.

Codificar tipo com base na idade de início:
312.81 Tipo com Início na Infância: início de pelo menos um critério característico de Transtorno da Conduta antes dos 10 anos.
312.82 Tipo com Início na Adolescência: ausência de quaisquer critérios característicos de Transtorno da Conduta antes dos 10 anos.
312.89 Transtorno da Conduta, Início Inespecificado: a idade do início não é conhecida.

Especificar gravidade:
Leve: poucos problemas de conduta, se existem, além dos exigidos para fazer o diagnóstico, sendo que os problemas de conduta causam apenas um dano pequeno a outras pessoas.
Moderado: número de problemas de conduta e efeito sobre outros são intermediários, entre "leve" e "grave".
Grave: muitos problemas de conduta além dos exigidos para fazer o diagnóstico ou problemas de conduta que causam dano considerável a outras pessoas.

sociedade, deve-se pensar na possibilidade de algo patológico, como o Transtorno da Conduta.

O Transtorno da Conduta caracteriza-se pela quebra contínua de regras da sociedade por parte de crianças e/ou adolescentes. Agressão a pessoas e/ou animais, destruição de propriedade, depredação, roubo, etc., são exemplos desse tipo de transtorno. A violação às regras domésticas e/ou da escola, como permanecer à noite na rua, apesar da proibição dos pais, também se caracterizam como Transtorno da Conduta.

O Transtorno da Conduta é um diagnóstico de infância e adolescência, tendo seus critérios definidos para pessoas menores de 18 anos. Após essa idade, o diagnóstico passa a ser Transtorno da Personalidade Antissocial. O comportamento de crianças e de adolescentes com Transtorno da Conduta é persistente, o que causa significativo estresse na família, impactando o funcionamento social e educacional do jovem. Esse comportamento – fora dos padrões aceitos pela sociedade – torna o futuro dessas crianças e desses adolescentes preocupante.

PAIS E PROFESSORES: COMO AJUDAR

Como em muitas situações de dificuldades emocionais, a melhor e primeira medida a ser tomada é a prevenção. Com a criação de espaços para diálogo em casa e na escola, os pais podem minimizar a ausência na vida de seus filhos, evitando que eles fiquem sem suporte emocional. A solidão de crianças e adolescentes é uma das realidades mais graves dos nossos tempos.

Procurar encontrar padrões de comunicação com crianças e adolescentes, seja em casa seja na escola, é um desafio importante a ser enfrentado. Os conflitos serão expressos por meio de desenhos, jogos, tarefas manuais ou atividades em grupo. Costuma ser útil criar estratégias para controle da raiva, ensinando a criança e/ou o adolescente a pensar antes de agir, conversando sobre possíveis consequências de suas ações e acharem juntos outras formas de comportamento.

Alguns pais precisam de ajuda para estabelecer limites e encontrar métodos mais apropriados para educar os filhos. Reconhecer que está confuso ou atrapalhado, é o primeiro passo que um pai pode dar para melhorar a situação. Procurar ajuda é uma demonstração de sabedoria e de amor pelo seu filho, e não de fraqueza ou de incompetência.

Está comprovado que aplicar punições físicas nem ensina nem ajuda no desenvolvimento emocional e nas mudanças de atitude. Provoca, pelo contrário, raiva e humilhação e, consequentemente, maior afastamento e dificuldades na comunicação.

Muitas vezes, a possibilidade de psicoterapia para pais e filhos é um recurso eficaz, assim como canalizar as energias empregadas no comportamento agressivo para atividades como esportes, oficinas de artes e música.

BULLYNG

Bullying é uma palavra sem tradução literal para a língua portuguesa. Ela provém da língua inglesa, na qual *bully* quer dizer "valentão". O termo significa "o desejo consciente e deliberado de maltratar uma outra pessoa e colocá-la sob tensão" (Tatum e Herbert, 1999)

O *bullying* define-se por repetidos atos de violência, tanto físicos quanto verbais, entre pessoas ou grupos onde há desequilíbrio de poder entre as partes envolvidas. O *bullying* pode ocorrer na escola, na faculdade, no trabalho, na família e/ou na vizinhança. Sua prática geralmente envolve intimidação e humilhação, podendo englobar insultos, ataques físicos, ameaças, depreciação da vítima ou de seus familiares, danos a material escolar ou a qualquer material de propriedade da vítima, envolvimento da vítima em situação constrangedora ou perigosa, entre outras. O *bullying* pode levar, até por seu caráter repetitivo, a graves consequências: evasão escolar, isolamento social, suicídio e até mesmo homicídio. O *bullying* costuma ocorrer em locais onde não há supervisão adequada (geralmente em escolas) ou conhecimento suficiente sobre a existência desse fenômeno.

Alguns sinais podem indicar que a criança ou o adolescente sofre *bullying*, entre eles: falta de motivação para frequentar a escola, medo de ir à aula (manifestado por faltas ou pedidos para que os pais a levem até a escola) diminuição do rendimento escolar, lesões corporais, danificações de roupas ou de material escolar, depressão, ansiedade, isolamento social, desatenção, pedidos repetidos de dinheiro à família e até tentativas de suicídio.

As pessoas que se tornam vítimas de *bullying*, em geral, são consideradas como diferentes pelos agressores. A diferença funciona como justificativa para a agressividade. O mais importante para prevenir o *bullying*, portanto, é a educação precoce das crianças quanto ao respeito às diferenças entre as pessoas.

PAIS E PROFESSORES: COMO AJUDAR

- Os pais devem favorecer o diálogo com os filhos para detectar a existência de *bullying*.

- A escola deve divulgar, entre seus colaboradores, informações sobre o *bullying* e cobrar o reconhecimento dele por parte de professores e funcionários.
- É importante, também, manter um canal aberto com os alunos, para que eles possam detectar e denunciar o fenômeno para a autoridade escolar responsável.
- A confiança e a parceria entre pais e escola no reconhecimento do fenômeno, por meio de reuniões periódicas para apresentação de resultados da observação das crianças por ambas as partes, em casa e na escola, favorece a detecção do *bullying*.
- A família e a escola devem encorajar as crianças e os adolescentes a tomar a iniciativa de relatar o que está acontecendo consigo ou com colegas e elogiar essa atitude quando tomada.
- Desde muito cedo, deve-se deixar claro para as crianças que a diferença entre as pessoas é algo saudável e positivo.
- A família e a escola não devem ignorar os relatos das crianças, mas assim que o *bullying* for identificado, deve-se mostrar que se está fazendo algo para que ele cesse; deve-se, também, estar atento a manifestações de agressividade por parte de crianças que possam estar vitimizando outras, mostrando que esse comportamento é inaceitável.
- É importante que se ajude crianças agressivas a controlar seu comportamento por meio de limites firmes e claros, tentando encontrar outras formas de manifestar suas insatisfações.
- O esclarecimeto, os debates e o espaço aberto para o diálogo devem ser estimulados tanto em casa quanto na escola, deixando-se bem claro que nem a família nem a escola tolerarão qualquer manifestação de *bullying*.

REFERÊNCIAS

VAN DEN HOOFDAKKER, B.J.; VAN DER VEEN-MULDERS, L.; SYTEMA, S.; EMMELKAMP, P.M.G.; MINDERAA, R.R.; NAUTA, M.H. Effectiveness of Behavioral Parent Training for Children With ADHD in Routine Clinical Practice: A Randomized Controlled Study. *Journal of the American Academy of Child & Adolescent Psychiatry*, v.4610, p.263-1271, Oct. 2007.

KERNBERG, P. *Criança com transtorno de comportamento.* Porto Alegre: Artmed, 1993.

DSM-IV - *Manual diagnóstico e estatístico de transtornos mentais.* Porto Alegre: Artmed, 1995.

FANTE, C.; PEDRA, J.A. *Bullying escolar*: perguntas e respostas. Porto Alegre: Artmed, 2008.

8 Drogas
Felix Henrique Paim Kessler, Paulo Knapp e Sibele Faller

As mudanças socioculturais ocorridas na contemporaneidade têm cultuado a quebra das regras e a falta de limites. Em todos os setores da sociedade, especialmente na mídia, parece haver um estímulo à inversão dos valores éticos e morais, promovendo a sociedade recentemente chamada de narcisista, em função da escassez de vínculos afetivos e da individualização, para uma sociedade com aspectos anti-sociais. No Brasil, esses aspectos exacerbam-se uma vez que existe um sentimento de impunidade que se estende a vários segmentos e se reflete, principalmente, na classe política. Portanto, a falta de limites e a corrupção dos valores é um tema bastante atual e o objetivo deste capítulo é analisar de que forma essa questão está relacionada à iniciação do uso de substâncias psicoativas e como a restauração desses limites pode colaborar no tratamento e motivar os usuários de drogas a aderirem a este, uma vez que o transtorno costuma ser crônico e os resultados são mais efetivos a longo prazo.

É interessante enfatizar que a literatura científica não costuma utilizar o termo "limite", especialmente nos artigos escritos em língua inglesa. Na verdade, a palavra limite simboliza uma série de parâmetros, usualmente regidos pela própria sociedade, que ajudam o indivíduo a lidar com a realidade, tendo a família a árdua tarefa de observá-los a fim de transmiti-los aos seus filhos. Por isso, fez-se uma revisão de vários aspectos ligados a essa temática, abordando-se as questões neurobiológicas, sociofamiliares e psicoterápicas – comportamentais e psicanalíticas. Será apresentada uma vinheta de caso para facilitar a integração dos conteúdos expostos e demonstrar situações na prática clínica.

CONCEITOS E TEORIAS DA ADIÇÃO

A dependência química é um transtorno crônico caracterizado por três elementos principais: compulsão para busca e obtenção da droga, perda do controle em limitar esse consumo e a emergência de estados emocionais negativos (disforia, ansiedade, irritabilidade) quando o acesso a essa droga é impossibilitado (abstinência). Outros critérios ainda são utilizados pelos manuais diagnósticos (DSM-IV-R e a CID-10), como o aumento da tolerância aos efeitos das substâncias, o tempo despendido no envolvimento com as drogas e os prejuízos físicos e sociofamiliares associados ao seu consumo. Um termo ainda bastante utilizado na literatura médica é adição (addiction), que também abarca toda a gama de comportamentos e sintomas psicológicos disfuncionais associados ao uso continuado de drogas (Kessler et al., 2003).

Nos últimos anos, acentuou-se o debate, no meio científico, sobre ser a adição uma doença cerebral e, cada vez mais, as evidências apontam que os fatores neurobiológicos são preponderantes para o desencadeamento e manutenção dos sintomas associados a ela. Alguns autores inclusive já definem a adição como mudanças no sistema nervoso central induzidas pelas drogas, que produzem alterações desadaptativas no comportamento espontâneo e na resposta comportamental à readministração de substâncias (Hyman et al., 2001; Nestler, 2001).

Sabe-se que as causas do abuso ou dependência de substâncias psicoativas são complexas e multifatoriais, contando com a contribuição de aspectos genéticos, psicossociais e ambientais. Embora cada droga tenha o seu mecanismo de ação particular, virtualmente todas elas, direta ou indiretamente, agem em uma mesma via de circuitos neuronais, de importância vital para o chamado Sistema de Recompensa Cerebral (Lingford-Hughes et al., 2003). O referido sistema comanda comportamentos fundamentais à sobrevivência do indivíduo e sua espécie, como o sexual. Do mesmo modo que ocorre com atitudes favoráveis à vida, como comer e fazer sexo, as drogas inundam o Sistema de Recompensa com dopamina, mensageiro que leva a informação para regiões cerebrais responsáveis pelas sensações prazerosas. Através da repetida administração de substâncias, ocorre um processo de condicionamento que acaba por associar o ato de consumir drogas com o prazer. Situações relacionadas às drogas como festas, encontros com amigos, músicas, cheiros, também ficam condicionadas e podem desencadear lembranças e respostas fisiológicas, levando à chamada fissura. O desconforto causado por esse processo motiva a recaída. Em suma, o uso continuado de drogas provoca alterações em estruturas do cérebro, modificando cognições e comportamentos. Dessa forma, o organismo é enganado e passa a acreditar que as drogas são essenciais à sobrevivência, motivando, assim, o seu consumo.

Teorias da motivação que pretendem explicar comportamentos pouco adaptativos, como o consumo compulsivo de drogas, costumam abordar de modo focal pontos fundamentais que exercem influência sobre a motivação humana, como julgamento e tomada de decisão, automonitoramento, identidade e influência social. Porém, grande parte dessas teorias aborda esses aspectos de forma isolada, sem relacioná-los. Uma das mais famosas é a Teoria da Auto-Medicação (Khantzian, 1997), que defende que o uso de drogas é influenciado por transtornos psiquiátricos como estresse pós-traumático, depressão e fobia social. Devido à necessidade de explicações mais abrangentes e consistentes sobre esse tema, algumas teorias como a *Prime Theory of Motivation* propõem modelos para predizer e melhor controlar os comportamentos disfuncionais, reunindo e integrando aspectos importantes já estudados anteriormente (Buck, 1985). Segundo a teoria, a todo momento o comportamento humano é resultado da competição entre impulsos e inibições. Os motivos seriam representações mentais de coisas pelas quais sentimos atração, antecipando prazer e satisfação ('querer') ou aversão, antecipando tensão e desconforto ('precisar'). A maneira particular que cada um tem de reagir com planos, avaliações, motivos, impulsos e inibições é determinada pela experiência: habituação e sensibilização, aprendizagem associativa e memória. Essa teoria possibilita uma visão mais abrangente da motivação e da complexidade envolvida no conceito.

Chambers (2003) revela que o papel do desenvolvimento do neurocircuito da motivação na adição começou a ser estudado devido à correlação entre uso de substâncias e adolescência. Verificou-se que adolescentes têm mais tendência a buscar a experimentação de substâncias devido à imaturidade dos circuitos cerebrais nesta fase. É essa mesma imaturidade que torna evidente a importância dos limites dados pela família e a sociedade, uma vez que os adolescentes têm menor capacidade de inibição dos impulsos, o que os leva a tomar decisões mais imediatistas e inconsequentes.

ASPECTOS PSICANALÍTICOS DAS ADIÇÕES

Percebe-se uma carência de trabalhos psicanalíticos com usuários de drogas, sendo que poucos autores tecem considerações terapêuticas e se aprofundam nesse tema. Em relação às teorias psicanalíticas, o fato é que, seja por atributos dos pais, por características do próprio indivíduo (constitucionais ou não), ou ambos, parece haver uma concordância entre os autores revisados a respeito de que existiria fundamentalmente uma relação narcísica objetal, na qual a substância (droga) seria uma fonte de prazer. A falha na organização de todos esses aspectos dificulta o desenvolvimento do aparelho mental no adolescente, prejudicando a capacidade de pensar e de ser criativo (Kohut, 1977; McDougall, 1998).

As evidências clínicas também corroboram a hipótese de que o comprometimento da função paterna, como o monitoramento e a definição de parâmetros de realidade (limites), pode ser um fator preponderante para o desencadeamento e a manutenção do abuso de drogas. A ausência ou a perda dessa função inviabiliza a internalização da imagem e da metáfora paterna, dificultando a compreensão das leis, além de desencadear comportamentos antissociais e condutas adictas (Winnicott, 1958; Kessler et al., 2003).

Segundo Benavente (2002), a transgressão na adolescência tem o papel de auxiliar no desenvolvimento de novas estratégias de socialização, independização e solução de conflitos adaptativos. Muitas vezes, a tentativa de expressar autonomia e reorganizar a ligação com os pais leva a um comportamento transgressor não-patológico na busca por limites. Nessa etapa, a relação com os amigos e, principalmente, com a família, é imprescindível no sentido de delimitar a realidade. O limite externo proporciona uma melhor aprendizagem e internalização de regras familiares e sociais, acarretando, também, o apaziguamento das tensões internas. Por isso, é bastante comum que, se a família não está apta para prover um bom ambiente afetivo, com limites, recompensas e valores positivos, os adolescentes tenderão a experimentar álcool ou drogas precocemente em suas vidas, o que se constitui um fator de risco para o desenvolvimento da dependência química.

Os próprios terapeutas, quando lidam com pacientes usuários de drogas, necessitam impor algum tipo de limite. Imhof (1983) refere que esses pacientes fazem com que o psicanalista, muitas vezes, cumpra a função de um objeto inanimado, ou seja, de uma droga. É muito sutil a forma com que o paciente vai transformando o analista neste objeto a ser usado nos momentos de necessidade. Ele explica que é importante que o terapeuta perceba esse tipo de relação para poder revertê-la.

OS LIMITES EM ABORDAGENS
PSICOSSOCIAIS E COMPORTAMENTAIS

No que tange ao tratamento do usuário de drogas, várias técnicas psicoterápicas com os próprios usuários ou com seus familiares utilizam aspectos relacionados com o que chamamos de limites. Na literatura científica referente ao tratamento dos transtornos associados ao uso de substâncias, a palavra "limite" pode ser interpretada em um sentido mais amplo e pode ser associada com monitorização, gerenciamento de reforçadores e punições, entre outros.

Recentemente, um autor chamado Rudolf Moos (2007) revisou os ingredientes mais efetivos inseridos nas técnicas mais utilizadas (entrevista motivacional, programa de 12 passos, terapia cognitivo-comportamental e manejo de reforçadores – ou contingências) para o tratamento da dependência química, sendo eles:

1. apoio, estrutura e direcionamento de objetivos (incluindo também o monitoramento e a supervisão, que podem ser realizados através de exames);
2. recompensas pela abstinência e planejamento de atividades recompensadoras em substituição às drogas (incluindo recompensas afetivas com família, religião, amigos e trabalho);
3. normas, modelos e orientações para buscar a abstinência;
4. reconstrução da autoestima e treinamento de habilidades para o enfrentamento de situações do cotidiano e para a execução de tarefas.

Nota-se que vários desses ingredientes estão relacionados aos limites que podem ser estabelecidos pela própria família ou pela sociedade.

Intervenções comportamentais têm sido utilizadas como base em uma variedade de tratamentos psiquiátricos, incluindo autismo, transtornos de conduta e de humor, ansiedade, aprendizado, transtornos alimentares e até mesmo em alguns casos de esquizofrenia. Com o avanço dos estudos sobre técnicas psicoterápicas obtido nos últimos anos, passou-se a valorizar cada vez mais a importância dos elementos comportamentais na motivação e no tratamento dos dependentes químicos.

Para facilitar a compreensão dos assuntos abordados nesse capítulo, é necessário esclarecer brevemente alguns princípios que regem a Teoria

Comportamental. Segundo a teoria, a motivação pode advir de várias circunstâncias. Entre elas, está a do Condicionamento Operante, pelo qual um comportamento pode ter sua frequência aumentada, diminuída ou até extinta, dependendo da consequência produzida por ele (Skinner, 1967). Há, basicamente, dois tipos de reforço de comportamento:

1. Reforço negativo: consiste em aumentar a frequência de algum comportamento pela cessação de um estímulo desagradável. Ocorre, por exemplo, quando o uso de substâncias serve para aliviar uma situação desconfortável, como no caso dos sintomas de abstinência das drogas e situações de estresse, e isso acaba aumentando a frequência do comportamento de usar drogas.
2. Reforço positivo: este, por sua vez, consiste em aumentar a frequência de algum comportamento por meio do acréscimo de um estímulo agradável. Quando se elogia ou se abraça um filho por ele ter estudado o ano inteiro e alcançado um bom desempenho escolar, por exemplo, estamos reforçando essa resposta (estudar e alcançar bom desempenho).

Se uma consequência produz a diminuição de um comportamento, é denominada punição. Isso ocorre quando se remove um estímulo reforçador ou se inclui um estímulo aversivo. Para a primeira possibilidade citada, um bom exemplo é a técnica de *time out* (Brinkmeyer e Eyberg, 2003), pela qual o indivíduo é transferido para uma situação menos reforçadora, como ficar sozinho em uma sala vazia, sem atrativos, após se comportar inadequadamente. É um "tempo fora", em que não há oportunidade para obter reforços. Popularmente, a técnica é conhecida por nomes como "cantinho da reflexão", "cadeirinha do pensamento", mas, infelizmente, é aplicada sem critérios ou qualquer tipo de supervisão, o que diminui drasticamente sua eficácia.

No caso da segunda possibilidade (aversão), gritos, xingamentos e até mesmo violência física fazem parte da categoria. Esses procedimentos foram extensamente utilizados ao longo da história, principalmente por pais e professores que desconheciam alternativas menos danosas. A aplicação dessas punições gera uma imediata interrupção do comportamento. Porém, práticas dessa natureza servem somente para descarregar a raiva e aliviar os pais por um curto período de tempo, além de demonstrar insegurança e déficit na habilidade de resolver a questão e facilitar, nas crianças, o desenvolvimento de transtornos como ansiedade e depressão, comportamentos agressivos e delinquentes e, ainda, diminuir o desempenho e impedir a aprendizagem. Os pais precisam identificar sua irritação e encontrar um modo alternativo de aliviar esse sentimento, como conversar com outros pais, ou utilizar distrações até a emoção passar, como dar uma caminhada. Há outras formas de punições desse segundo tipo que não envolvem xingamentos nem violência. Mesmo assim, só devem ser utilizadas por profissionais especializados e em situações específicas (Banaco, 2004). É preferível, levando-se em conta a autoestima de uma criança, reforçar comportamentos antagônicos àqueles indesejados do que punir a estes últimos, inclusive porque a punição só ensina o que não se deve fazer, e não o que fazer.

O Condicionamento Vicário leva em consideração, além do ambiente, o processamento da informação e a antecipação de gratificações futuras. De acordo com o paradigma, o indivíduo elege modelos de pessoas conforme alguns fatores, como objetivos e idade do observador e competência do modelo. Os adolescentes costumam eleger como modelos cantores, atletas, atores famosos. À medida que o comportamento do modelo recebe uma consequência interessante, o observador se sentirá igualmente reforçado e tenderá a imitar a conduta do outro com a expectativa de que ocorrerão consequências similares, motivado para obter a mesma gratificação. Porém, nem sempre a imitação do comportamento produz a consequência esperada que serviu como motivadora inicial. Pode-se citar como exemplo o adolescente que busca ter o mesmo desempenho físico que o seu ídolo do futebol, passando a se vestir com roupas semelhantes. Entretanto, não é a roupa do jogador que desencadeia a consequência desejada (no caso, ser um bom esportista), e sim um treinamento adequado, alimentação saudável, entre outras coisas. É possível que a tentativa de imitação do modelo não seja inofensiva, podendo produzir graves consequências em vez daquela inicialmente desejada. Tomemos, como exemplo, uma jovem admiradora de uma cantora bem-sucedida. A artista, além de habilidade e talento, possui problemas de conduta e envolvimento com drogas, estando visivelmente sob efeito de substâncias em festas e apresentações. A adolescente, além de iniciar aulas de canto e montar uma banda de música, começa a se comportar conforme sua cantora preferida, usando drogas antes de suas apresentações, na tentativa de aumentar a semelhança com o modelo. Portanto, "servir como um bom exemplo" não se trata apenas de uma recomendação ultrapassada e sem fundamento científico. Pais e professores que servem como primeiros modelos na vida de um indivíduo poderão, por meio das próprias atitudes, influenciar as escolhas de filhos e alunos. Da mesma forma, jovens devem ser incentivados e orientados a seguir bons exemplos ou, no mínimo, imitar comportamentos saudáveis que possuam uma associação lógica com a consequência almejada.

Baseada nos princípios básicos do modelo comportamentalista, a Terapia de Manejo de Reforçadores (Petry et al., 2006) utiliza recompensas como forma de reforço para ações construtivas dos adictos, corroborando a chamada teoria econômica, que postula que o uso de drogas deve diminuir à medida que os custos, afetivos e familiares, para obter e consumir aumentam (Moos, 2007). A terapia em questão é eficiente para pais e educadores que desejam modificar comportamentos de crianças e adolescentes, mas, devido à complexidade dos comportamentos humanos e à dificuldade em controlar ambientes e esquemas de reforçamento, ela só deve ser aplicada sob orientação profissional (Abreu e Guilhardi, 2004).

A Terapia de Manejo de Reforçadores tem demonstrado grandes resultados na manutenção de adictos em tratamento, promovendo abstinência e encorajando comportamentos apropriados para que isso aconteça. Este modelo de tratamento se fundamenta em três princípios comportamentais:

1. Frequente monitoramento do comportamento em questão, isto é, do objetivo que se propõe o paciente.
2. Reforço positivo quando tal comportamento ocorrer.
3. Mudança de reforço quando o comportamento não for alcançado. As consequências do reforço devem evidenciar a importância da conduta no processo do tratamento, como a adesão à medicação ou a regularidade das consultas (Roll et al., 2005).

Inúmeros estudos apontam que a Terapia de Contingência de Reforçadores é considerada uma poderosa ferramenta para promover a abstinência e prevenir recaídas a muitas drogas de abuso, incluindo álcool, benzodiazepínicos, cocaína, nicotina, opióides, maconha e anfetaminas. Uma recente meta-análise, publicada por Prendergast e colaboradores (2006), verificou a importância e a efetividade da referida técnica, afirmando que ela melhora a habilidade dos pacientes em permanecerem abstinentes e de aproveitarem melhor os outros componentes do tratamento clínico e psicoterápico, por estarem mais motivados. O referido conjunto de técnicas pode ser utilizado como complemento de outras formas de terapia, como a farmacológica e/ou a psicoterápica, incluindo a terapia cognitiva e até mesmo a psicanálise (Petry et al, 2002).

Nos últimos anos, estão sendo desenvolvidas e testadas diferentes técnicas de manejo de contingências. Um tipo de intervenção geralmente usado foi intitulado por Higgins (1999) como Terapia de Reforçamento com Base em Recompensas. Esta abordagem utiliza o dinheiro (reforçador considerado universal na sociedade atual) e outras recompensas materiais, oferecendo aos pacientes "vales" equivalentes a uma determinada quantia monetária para cada amostra de urina ou exame que não indique uso recente de drogas no organismo. Esses vales não são fornecidos quando a amostra biológica indica uso recente de drogas. A soma dos vales adquiridos possibilita a sua troca por benefícios (roupas, equipamentos, etc.) ou serviços compatíveis com o progresso do tratamento. Isto é, quanto maior o número de amostras biológicas negativas para uso de drogas, maiores os benefícios alcançados. É importante lembrar que o paciente não tem contato direto com o dinheiro, sendo a clínica a encarregada de controlar os comprovantes e troca destes (Roll et al., 2005).

Uma maneira de reduzir custos na aplicação desta técnica é utilizar fontes naturais de reforço que ocorrem no ambiente do tratamento ou estão prontamente disponíveis, como por exemplo, o acesso continuado ao tratamento em virtude do seu progresso satisfatório. Assim como telefonemas, visitas e saídas a passeio, que trabalhadas com o paciente, também são reforços positivos válidos a serem utilizados no caminho rumo à abstinência.

O PAPEL DO AMBIENTE E DA FAMÍLIA NO USO DE DROGAS

Vários parâmetros externos, como o monitoramento e a organização dos reforçadores (incentivos) e punições por parte da família, escola e inclusive políticas públicas, podem influenciar direta ou indiretamente o consumo de substâncias psicoativas e a dependência química.

Diversos autores afirmam que a família hoje vive uma crise de identidade e que os pais estão preocupados com a democratização da relação com seus filhos. A hierarquia rígida que existia na família até a década de 70 foi sendo gradualmente substituída pelo diálogo, pelo respeito à individualidade e às características pessoais de cada um dos filhos, pelo direito à privacidade e pelo desejo de alcançar uma relação com base no respeito mútuo, e não no medo. Realmente, nesse sentido, houve grandes avanços. Várias famílias, contudo, extrapolaram esses conceitos e promoveram excessivamente a liberdade relacionada às crianças, estabelecendo uma inversão da hierarquia, segundo a qual são os filhos quem decidem pelos pais. Desta forma, os limites passaram a ser confundidos com autoritarismo e repressão. Nesse sentido, nota-se, especialmente na prática psicoterápica com adolescentes, uma exacerbação da onipotência nesses jovens, criando-se um espaço propício ou "meio de cultura" para a experimentação de drogas. Portanto, é importante que os pais possam assumir a responsabilidade de designar o que é bom ou nocivo aos filhos, delimitando as fronteiras para um bom desenvolvimento, a fim de que tornem-se adultos autônomos, responsáveis, emocionalmente equilibrados e com senso de identidade. Porém, o processo pode se tornar complexo para a família de usuários de drogas devido às configurações familiares e características psicológicas de membros da família. Com frequência, pais que apresentam baixa auto-estima, intenso sentimento de culpa e déficit na habilidade de solucionar problemas (Gómez e Delgado, 2003) assumem um papel codependente, acabando por reforçar o uso de álcool ou drogas, muitas vezes ativamente, como, por exemplo, pela compra de bebidas (Schenker et al., 2003). Familiares codependentes se autossacrificam, dedicando-se totalmente à pessoa que apresenta problemas relacionados ao consumo de substâncias, sentindo-se úteis apenas quando estão diante do familiar e de seus problemas. Em resumo, a conduta codependente é uma resposta disfuncional ao comportamento do usuário de drogas, convertendo-se em fator mantenedor da dependência. No entanto, os codependentes possuem limitada consciência da implicação de suas atitudes em relação ao outro, não percebendo que promovem o agravamento do problema, o que sugere a necessidade de intervenção específica para os familiares (Gómez e Delgado, 2003).

Com o objetivo de auxiliar os pais na tarefa de educar com limites, surgiu na Europa, há algumas décadas, o que se chama de "Escola de Pais", especialmente na Espanha e na França. Essas abordagens familiares costumam estar presentes nos programas de tratamento dos dependentes químicos e incluem o treinamento de habilidades para os pais, as quais visam a diminuição do controle e da superproteção, assim como a uma melhor eficácia da comunicação e a troca de afeto entre os membros da família. Dessa forma, os filhos tornam-se mais independentes e confiantes, reduzindo suas defesas onipotentes e o vazio afetivo – e, por consequência, a necessidade do uso de drogas (Villa Canal et al., 2001).

PARA PAIS E EDUCADORES – CONSELHOS PRÁTICOS

Ao contrário do que muitos pensam, é no início da infância que a prevenção ao uso indevido de drogas deve começar; contudo, despejar sobre o filho informações sobre toda a sorte de drogas serve unicamente para aliviar a consciência dos pais, tendo baixo impacto na estimulação de comportamentos positivos. A melhor maneira de atingir tais objetivos é promover nas crianças atitudes de autoproteção, "pró-saúde e vida". E, quando eles chegam à adolescência, não se pode esquecer os cuidados em relação à saúde, deixando-se levar por pensamentos do tipo "ele não é mais criança, sabe se cuidar" ou "depois dos 18 anos, meu filho já tem completas condições de escolher como quer viver sua vida". O cuidado deve continuar, ainda que de outra forma. De acordo com as teorias aqui apresentadas e diretrizes governamentais de alguns países (U.S. Department of Education, 2003; SENAD, 2007; Australian Government, 2008), apresentaremos, a seguir, alguns pontos importantes para os pais e educadores, os quais têm como objetivo incutir nos filhos uma vivência saudável e uma atitude de prevenção ao uso de drogas:

Crianças pré-escolares:
- Valores e modelos de saúde na família: pais podem servir como bons modelos investindo em uma dieta saudável, em momentos prazerosos de lazer com os filhos pequenos e na prática de exercícios físicos. Engaje-se em atitudes que tangenciam os temas "saúde pessoal" e "qualidade de vida".
- Estimule o autocuidado: gradualmente, a criança entenderá que ela é diretamente responsável por muitos aspectos de sua saúde. Por exemplo: com a informação passada por intermédio de pais, professores e meios de comunicação social, ela começará a compreender que o consumo de frutas e verduras a faz "crescer forte" e que qualquer alimento em excesso é prejudicial. Na prática, você pode conversar sobre os *porquês* da necessidade de alimentos que fazem bem à saúde, pedindo para a criança citar algumas comidas saudáveis e gostosas e explicando como estas contribuem para o seu desenvolvimento.
- Brinque, demonstre amor e treine seu filho para enfrentar desafios: tenha um tempo livre exclusivamente para brincar com ele e demonstre muito carinho com gestos, palavras e atenção. Quando a criança enfrentar uma situação que gere frustração na brincadeira, como derrubar um castelo de peças que estava construindo ou mesmo estragar um brinquedo sem querer, aproveite a oportunidade para buscar, com ela, uma solução factível para o problema. Contornar uma situação ruim vai promover a autoconfiança da criança.
- Estimule a independência: deixe as decisões compatíveis com a faixa etária de seu filho para ele, como a escolha de roupas e atividades de lazer.
- Explique sobre intoxicação com produtos químicos e medicamentos: a conversa com as crianças deve ser direcionada para enfocar os perigos do uso abusivo de remédios e da intoxicação com produtos químicos – de limpeza e higiene pessoal. Nesse último caso, você

pode avisar que, apesar do bom aroma e das cores atrativas, esses produtos possuem muita química e que mesmo cheirá-los por algum tempo pode ser perigoso. Os pais precisam informar que medicamentos não são balas nem brinquedos, e só fazem bem à saúde quando usados sob a orientação de um médico, para o problema em questão e na dose indicada pelo especialista.

• Determine algumas regras simples, claras e diretas: desde cedo é preciso comunicar à criança sobre o que ela "pode" e "não pode" fazer. Isso deve ser feito por meio de regras simples, claras e diretas, como "os brinquedos devem ser guardados depois de se brincar", estabelecendo as consequências imediatas e de fácil execução para o que não for cumprido – "você ficará sentado nessa cadeira até resolver guardar os seus brinquedos" (técnica citada na seção "Os limites em abordagens psicossociais e comportamentais"). Amar não significa ceder a todos os desejos. A criança precisa saber que pode suportar frustrações.

Para crianças no ensino fundamental:

• Exercícios físicos: por meio deles, investe-se na continuidade da ampliação da capacidade da criança de cuidar da própria saúde. Pode ser interessante matricular seu filho em uma atividade física em grupo – futebol, vôlei – com a qual ele se identifica; isso vai ajudá-lo, também, a adquirir noções de coletividade.

• Mantenha o auxílio no enfrentamento de problemas: lembre-se sempre de auxiliar a criança no processo de resolução de problemas sem resolver as situações para ela, para que ela sinta-se capaz de solucionar os desafios da vida. Ao sentir segurança e confiança nas próprias capacidades e habilidades, uma pessoa poderá usar estratégias mais eficientes quando surgir algum problema, apresentando menor chance de recorrer posteriormente ao consumo de drogas.

• Os filhos precisam se sentir amados e respeitados: elogiar quando alguma tarefa sai bem-feita sempre funciona quando se quer mostrar a um filho que ele está no caminho certo e que você aprova suas ações. Também é necessário demonstrar carinho e amor – por meio de gestos e palavras – independentemente de uma tarefa ou trabalho, e isso pode acontecer em momentos neutros. Quando seu filho errar, focalize o descontentamento na ação, não em sua personalidade. Converse bastante, respondendo as perguntas e valorizando os conhecimentos e pontos de vista de seu filho, mantendo-se atento, evitando ironias e chacotas, por exemplo. A mensagem que será transmitida é que o modo de pensar daquela criança é importante e que seu jeito de ser é aceito. A probabilidade de que a criança venha a usar substâncias na adolescência para agradar um determinado grupo de amigos diminuirá.

- Ampliar a conversa sobre medicamentos, drogas legais e ilegais. Normalmente, as crianças nessa idade já têm condições de entender que alimentos, remédios, drogas legais e ilegais são diferentes; que remédios podem curar ou minimizar doenças, mas seu uso abusivo pode causar danos, e que álcool, cigarros e outras drogas produzem efeitos agudos e crônicos em seus usuários. Podem saber, também, por que drogas são tão perigosas para quem está crescendo e que elas causam problemas não só ao usuário, mas também a sua família e à sociedade – sofrimento ao ver doente uma pessoa querida, gastos do governo em saúde pública e tráfico de entorpecentes.
- Estimule o exercício da cidadania e a consciência social: não é preciso realizar tarefas complexas para exercitar a cidadania. Tarefas de fácil execução geralmente têm um efeito muito positivo, como tirar o pó dos móveis de seu quarto. Propor para que a criança cuide de uma planta, ficando responsável por dar-lhe água, ou ajudar nos cuidados de um animal de estimação, bem como fazer coleta seletiva do lixo e economia de água e energia são práticas que ajudam a criar essa noção de cuidado e respeito à saúde. O objetivo é valorizar a criança no intuito de fazê-la compreender que cada um precisa realizar seu papel na sociedade e que o bem comum deve ser buscado.
- Como conversar diretamente sobre drogas? pode ser adequado esperar por uma oportunidade em que a criança se mostre interessada. Perguntas como "por que você fuma, se o cigarro faz mal?" ou "por que minha professora fuma?" e ainda "por que vendem-se cigarros, se eles só causam mal à saúde?" são questões comumente levantadas pelos filhos que podem oportunizar uma conversa mais franca e aprofundada sobre o assunto. Você pode explicar que as pessoas, muitas vezes, começam a fumar por não terem conhecimento suficiente sobre as consequências desse ato ou por acharem que é fácil parar quando se quer, e que por isso é importante não começar, pois deixar de fumar é um processo sofrido. Crianças mais velhas conseguem compreender se os pais lhe disserem que existem interesses econômicos por parte das indústrias de bebidas e cigarros ligados ao consumo.
- Mantenha-se como bom modelo: no que se refere à prevenção do uso de bebidas alcoólicas e cigarros, é importante que os pais

deixem suas regras claras desde cedo. Como o consumo de álcool é legalizado no Brasil e a ingestão de bebidas alcoólicas já está incorporada na nossa cultura, as crianças observarão a interação entre os indivíduos e a bebida alcoólica, e, principalmente, a interação de seus pais com estas. Servir como um bom modelo inclui, além de evitar o abuso de bebidas, respeitar as leis em vigência no país – como a que regulamenta a idade mínima para o consumo – e agir de acordo com elas.

- Amplie limites e códigos de conduta: determine limites e regras claros na convivência familiar e explique-os aos filhos, como, por exemplo, "a hora das crianças dormirem é às 22h, pois todos vão para a escola no outro dia e precisam estar descansados". As consequências também precisam ser previamente determinadas. O uso de avisos não-específicos, nos quais as consequências não ficam claras, do tipo "você vai ver só se fizer tal coisa", ou aqueles impossíveis de serem concretizados, como "você está proibido de ver TV durante todo o ano se não fizer a tarefa de casa", não têm o impacto necessário para a mudança de comportamento e funcionam ainda menos quando as crianças são mais velhas. O melhor seria estabelecer consequências possíveis de serem cumpridas e que realmente façam diferença para a criança, como "se a professora me disser que você não fez a tarefa de casa, não deixarei você assistir ao seu programa de TV *favorito* hoje à tarde". Por outro lado, apresente possibilidades de lazer (também estabelecendo limites) como, por exemplo, "agora que você voltou da escola, tem um tempo livre para ver televisão, ler um livro ou brincar na rua, você pode escolher"; isso é igualmente importante e serve para que a criança possa desenvolver autonomia sem deixar de respeitar seus limites.

Para adolescentes:
- Monitoramento constante: certifique-se de que você está inteirado sobre os hábitos, obrigações, gostos e interesses de seu filho: isso deve ser feito continuamente, já que nessa fase da vida os interesses modificam-se rapidamente. É também de grande valia estabelecer contato com os pais dos amigos de seu filho para dialogar e descobrir suas opiniões a respeito do uso de álcool, cigarro e outras drogas. Conhecer os amigos dos filhos, convidar a turma para almoçar, buscá-los em festas e permitir reuniões e encontros em sua própria casa são modos de facilitar o acompanhamento dessas atividades e saber um pouco mais sobre aqueles jovens

que convivem boa parte do tempo com seu filho e exercem grande influência em sua vida.

- Ajude a aprimorar suas habilidades sociais: investir no aprimoramento dessas habilidades nos filhos, como conversar com as outras pessoas sendo assertivo – comunicando o que deseja com firmeza e sem agressividade –, ajuda a superar conflitos interpessoais e dificuldades como a timidez. Da mesma forma, habilidades sociais específicas para resistir à experimentação e ao uso de drogas merecem atenção. Auxilie o adolescente a encontrar alternativas e argumentos assertivos para recusar a oferta e manejar a pressão por parte da mídia e dos amigos para consumir substâncias.
- Reforce o envolvimento com bons hábitos: atividades como esportes, música, arte e até mesmo trabalhos voluntários possuem a função de manter o adolescente em contato com o lazer, a saúde e a preocupação com o outro.
- Incorpore novas regras de convivência: é hora de estabelecer regras específicas para o consumo de álcool e cigarro, como, por exemplo "é proibido fumar/beber dentro de casa".
- Estabeleça diálogos eficazes: mantenha o hábito de conversar sobre diversos assuntos com seus filhos. Talvez a tarefa mais difícil para os responsáveis pela educação de adolescentes seja investir na comunicação, aperfeiçoando a habilidade de estabelecer conversas com os filhos e encarando o diálogo como uma ferramenta muito útil na prevenção de comportamentos de risco. Porém, nem toda a conversa é capaz de atingir os objetivos dos pais; por isso, alguns pontos devem ser considerados para que haja uma comunicação mais efetiva. A primeira coisa que se deve observar é o horário e o local apropriado para a uma conversa com esse conteúdo. Você pode achar uma boa ideia conversar nas primeiras horas da manhã, mas pode ser que seu filho não esteja disposto, e isso precisa ser levado em consideração. Tentar dialogar durante as refeições também não é adequado. Talvez seja mais eficaz dar início à conversa de forma mais leve, durante um passeio ou um programa de televisão. Abra espaço para discussões francas e facilite o acesso a informações sobre drogas – por meio de reportagens, de leituras ou de filmes. Participe disto, para que ele possa debater com você e refletir sobre o assunto. Cuidado com a forma de se colocar: como a autonomia de pensamento é muito importante para o adolescente, é desaconselhável impor opiniões. Considere sempre o ponto de vista de seu filho, se deseja que ele volte a conversar sobre o assunto com você. Quando conversarem sobre drogas, nunca

diga que elas não possuem nenhum aspecto positivo, na tentativa de assustar e afastar o adolescente do consumo. A preocupação pode ser expressa de forma mais honesta quando os pais dizem claramente que o assunto os preocupa. Desconsiderar que estas substâncias provocam sensações prazerosas acaba por invalidar seus argumentos. Da mesma forma, assustar seu filho advertindo de forma exagerada sobre os riscos do uso de drogas com o objetivo de prevenir ou desencorajar o consumo não é recomendável. Os adolescentes, na maioria das vezes, conhecem usuários que não apresentam o grau de comprometimento relatado pelos pais, como, por exemplo, câncer, demências, *overdoses*, fato que pode invalidar os argumentos e até estimular o uso. Mostrar consequências do consumo de cigarro, álcool e drogas ilícitas de longo prazo não é tão efetivo como apresentar consequências mais imediatas e seu impacto nos aspectos valorizados pelo adolescente ("Fumar assim causa mau hálito e estraga os dentes, e esses problemas podem prejudicar o namoro..."). É recomendável ampliar e aprofundar de forma crítica o conteúdo das conversas iniciadas quando seu filho era criança (consequências sociais do uso, conseqüências individuais...). Tente evitar conflitos, mas deixe clara sua opinião sobre o uso de drogas. O mais importante é não desistir e não se deixar desmotivar completamente com reações negativas dos filhos perante as suas tentativas de estabelecer o diálogo.

Para colocar em prática todos esses princípios, os pais precisam estar informados sobre os efeitos e as consequências do uso de substâncias psicoativas, bem como a respeito de políticas públicas específicas para o combate às drogas no país, a fim de embasar consistentemente suas conversas e argumentações e direcionar suas atitudes. É imprescindível manter-se em contato com fontes de atualização. Em casos em que os pais ou educadores possuem evidências que confirmem que o uso de drogas já está presente na vida da criança ou do adolescente, faz-se necessária a intervenção de um profissional de saúde.

EXEMPLO DE CASO

João tem 14 anos e mora com os pais e um irmão mais velho. É estudante da 8ª série do ensino fundamental e vem apresentando problemas no desempenho escolar, como faltas e desinteresse por qualquer atividade. Há dois meses, o seu uso de maconha foi descoberto por uma professora, que o viu utilizando a droga com outros colegas nas imediações do colégio. Por conta do comportamento, foi suspenso pela diretoria da escola durante cinco dias. O menino, que já não sentia prazer em frequentar as aulas, recebeu a medida com um certo alívio. Desde então, João raramente comparece às aulas, apesar de ser deixado na porta do colégio todos os dias pela mãe, que não ficou sabendo da suspensão. Posteriormente, o fato foi comunicado aos pais, que decidiram procurar ajuda especializada.

A mãe de João relata que, por ele ser o "bebê da casa", sempre considerou o filho uma criança frágil, sentindo que precisava protegê-lo de qualquer frustração, resolvendo a maioria dos problemas por ele. A mãe era também responsável financeiramente por toda a família, já que o pai de João abusava de álcool e não conseguia manter-se em nenhum trabalho, estando desempregado há um ano e meio. Quando souberam do que estava acontecendo com o filho, os pais tiveram reações distintas. A mãe foi ao colégio pedir para que fosse concedida mais uma chance ao filho. Com o objetivo de incentivá-lo, levou-o ao *shopping* e comprou roupas novas e um videogame. Por sua vez, o pai deu uma surra no filho, como "corretivo", e o ameaçou de retirada do colégio, caso soubesse que o uso de maconha havia continuado.

João relata que usou maconha pela primeira vez aos 13 anos. O fato ocorreu na companhia de alguns colegas, e a droga foi fornecida por um irmão mais velho de um deles, também estudante da mesma escola. Conforme ele, o uso era limitado aos finais de semana, quando ia jogar videogame na casa do amigo, mas, ao perceber que a droga o deixava mais "relaxado", testou seu uso antes de provas ou apresentações de trabalhos em aula. A droga diminuía a ansiedade frente a desafios como esses, fazendo-o sentir-se mais apto a enfrentá-los. Há pouco tempo, o uso foi intensificado, passando a ocorrer também no horário em que deveria estar em aula. O rapaz não exerce nenhuma atividade além do colégio. Refere que considera sua vida chata e sem graça.

PROPOSTA TERAPÊUTICA

Existem várias possibilidades diferentes de entendimento, abordagem e de intervenção em relação ao caso. De acordo com a teoria psicanalítica, a função paterna estaria comprometida, já que não há definição nem adequação no estabelecimento dos limites e monitoramento. A relação com a mãe também está mais pautada no cuidado e na proteção do que no vínculo afetivo. A falta de coerência nos valores e na conduta dos pais torna-se evidente na reação discrepante apresentada diante dos problemas do filho. Do ponto de vista comportamental, o uso dos reforçadores também não está sendo aproveitado corretamente, e o comportamento aditivo do pai exerce forte influência nas atitudes do filho, através da modelação (Condicionamento Vicário).

Diante dessa situação, foi proposta à família uma terapia com foco na modificação dos comportamentos disfuncionais apresentados por João. Inicialmente, ele foi ouvido em relação ao motivo que o levava a se comportar dessa maneira e ao seu histórico de reforçamento, seus sentimentos e crenças relacionadas ao problema. Como principais reforçadores ele citou: jogar videogame, falar com os amigos pela Internet, passar o dia na praia e jogar futebol com os amigos. Os elogios dos pais e o dinheiro da mesada também foram considerados e entraram no esquema de reforçamento sugerido. A partir disso, foi realizado o Treino de Pais, que consistiu em psicoeducação acerca da problemática existente e aplicação de consequências para os comportamentos apresentados. Foi esclarecido que João não se sentia capaz de enfrentar seus problemas sozinho. Esse tipo de pensamento acabava sendo reforçado pela mãe, que sempre insistiu em resolver as coisas pelo filho, transmitindo a ele a mensagem de que não era capaz. Foi avaliada a necessidade de receber medicação para minimizar os sintomas de ansiedade, e João foi encaminhado para tratamento com um psiquiatra. O pai também foi encaminhado para psicoterapia individual para tratar seu abuso de álcool, depois de receber orientação sobre modelação. Os pais foram orientados a rever seus valores para que pudessem agir com menor discrepância. Visando a coerência e o estabelecimento de limites, foram revistas combinações sobre como lidar com adversidades. As principais foram:

- Os pais foram incentivados a elogiar e demonstrar gestos de carinho quando o filho emitisse comportamentos considerados adequados e foi estipulado um valor para a mesada (anteriormente, ele recebia dinheiro sempre que solicitava).
- Os pais combinaram com ele as principais regras e deixaram claro que não admitiriam comportamentos como faltar aula, usar drogas ou desrespeitá-los. Na sua ocorrência, a retirada de algum reforçador importante na proporção da sua atitude deveria ser estabelecida.
- Ao invés de punir comportamentos indesejáveis, foi sugerido procurar sempre reforçar atitudes opostas a eles. Exemplo que não deu certo: a medida de suspensão adotada pela escola reforçou o comportamento de não ir à aula, já que retirou um estímulo que

se tornou aversivo (assistir as aulas), causando alívio e desmotivação no aluno, em vez de preocupação e vontade de mudar. O comportamento resultante foi inverso ao esperado: o aluno não compareceu mais às aulas.

- Evitou-se reforçar comportamentos inadequados. Ao comprar roupas e um novo videogame para João, sua mãe incentivou a mentira, as faltas no colégio e o uso de drogas.
- Sugeriu-se ajudá-lo com seus problemas apenas por meio de orientação, e não resolvê-los por ele. Ao defender o filho no colégio, pedindo à diretoria que reconsiderasse sua decisão, a mãe passou a ideia de que as regras não precisam ser respeitadas, além de aumentar a sua sensação de incapacidade.

Além disso, foi combinado que não usariam punições, como surras e gritos. Os pais receberam orientações mais diretas e foram monitorados pela terapeuta durante a primeira fase, que serviu como um piloto às novas estratégias. Com o objetivo de que João começasse a sentir novamente prazer com outras coisas que não fossem relacionadas à maconha e deixasse de perceber sua vida como "chata e sem graça", ele foi matriculado em uma escola de futebol e em um curso de desenho, atividades por ele escolhidas.

A escola, que era de pequeno porte e bastante flexível, também foi contatada pela terapeuta e foi motivada a implementar um novo programa de combate ao uso de drogas, pois vários de seus alunos sofriam do mesmo problema. As regras foram reorganizadas e esclarecidas, assim como as consequências das transgressões destas. Foi exigido de todos os pais um maior comprometimento com o desempenho dos filhos, através de participação obrigatória em reuniões de retorno sobre notas e comportamentos, que passaram a ocorrer de três em três meses e não somente no final do ano. Foi combinado que qualquer ausência seria justificada pelos pais, através de carta assinada ou telefonema para a escola, e que esta ligaria para saber o motivo, caso não houvesse justificativa. Grupos com o objetivo de ensinar técnicas para pais de adolescentes com problemas na conduta e grupos de discussão sobre drogas para adolescentes também foram desenvolvidos.

CONSIDERAÇÕES FINAIS

A importância de limites adequados e consistentes com valores familiares positivos, respeitando a ética, a moral e as regras da sociedade, é unanimidade entre as abordagens e teorias que foram revisadas e apresentadas no presente capítulo. Porém, tanto a questão dos limites quanto a do uso de drogas são problemas complexos não só restritos à família. Como foi mostrado por meio do caso clínico, a abordagem se tornou mais completa e eficiente à medida que foram integradas várias esferas e figuras importantes na vida do indivíduo. Isso significa que demandam comprometimento e esforço coletivo por parte das muitas instâncias sociais. À família, cabe transmitir normas e crenças com clareza e agir de forma congruente com isso. À sociedade e aos educadores, por sua vez, compete informar e educar sobre uso de substâncias e possíveis consequências de modo abrangente. Por fim, cabe aos governantes o desenvolvimento de políticas públicas, o combate ao tráfico e, o mais importante, a implementação e fiscalização rigorosa das leis, de forma ampla e eficaz a fim de dar limites à população.

Frente à escassez de artigos sobre o tema na literatura científica, faz-se necessário o desenvolvimento de estudos capazes de testar e avaliar técnicas e estratégias para a modificação de comportamentos e melhorar a comunicação da família com o usuário de drogas. Contudo, estudos que relacionam fatores associados aos transtornos do comportamento por uso de substâncias e ensaios clínicos com técnicas psicoterápicas comportamentais evidenciam que delimitar limites é essencial para modificar o padrão de consumo de álcool e drogas ou até mesmo preveni-lo. Torna-se relevante o desenvolvimento de abordagens psicossociais mais simples e de baixo custo que incluam esses elementos e que possam ser aplicadas na prática clínica com usuários de drogas e seus familiares.

REFERÊNCIAS

ABREU, C.; GUILHARDI, H. (Org.). *Terapia comportamental e cognitivo-comportamental*: práticas clínicas. Santo André: ESETec editores associados, 2004. v. 1, p. 61-71.

AUSTRALIAN GOVERNMENT (2008). National Drug Campaign: Tips for parents [online]. Disponível em: http://www.drugs.health.gov.au.

BANACO, R.A. Punição positiva. In: ABREU, C.N.; GUILHARDI, H.J. (OrgS.). *Terapia comportamental e cognitivo-comportamental*: práticas clínicas. Santo André: ESETec editores associados, 2004. v. 1, p. 61-71.

BENAVENTE, R. Delinquência juvenil: da disfunção social à psicopatologia. *Análise Psicológica*, v.4. n.XX, p.637-645, 2002.

BRINKMEYER, M.Y.; EYBERG, S.M. Parent-child interaction therapy for oppositional children. In: KAZDIN, A.; WEISZ, J. *Evidence-based psychotherapies for children and adolescents*. New York: Guilford Press, 2003.

BUCK, R. Prime theory: an integrated view of motivation and emotion. *Psychological Review,* American Psychological Association. v.92, n.33, p.389-413, 1985.

CHAMBERS, A., TAYLOR, J., POTENZA, M. Developmental neurocircuitry of motivation in adolescence: a critical period of addiction vulnerability. *Am J Psychiatry, v.*160, p.1041–1052, 2003.

GÓMEZ, A.; DELGADO, D. La codependencia en familias de consumidores y no consumidores de drogas: estado del arte y construcción de un instrumento. *Psicothema*, v.15, n.3, p.381-387, 2003.

HIGGINS, S.T; PETRY, N.M. Contingency management: incentives for sobriety. *Alcohol Res Health*, v.23, n.2, p.122-127, 1999.

HYMAN, S.E.; MALENKA, R.C. Addiction and the brain: the neurobiology of compulsion and its persistence. *Nat Rev Neurosci*, v.2, n.10, p.695-703, Oct. 2001.

IMHOF, J.. Countertransferential and attitudinal considerations in the treatment of drug abuse and addiction. *The international Journal of Addictions*, n.18, p.491-510, 1983.

KHANTZIAN, E.J. The self-medication hypothesis of substance use disorders: a reconsideration and recent applications. *Harv Rev Psychiatry*, v.4, n.5, p.231-44, Jan. 1997.

KESSLER, F.H.P; BRANDÃO, I.; DIEMEN, L.V.; SAIBRO, P.; SCHEIDT, B.; RAMOS, S,P; GRILLO, R.; SEGANFREDO, A.C.. Psicodinâmica do adolescente envolvido com drogas. *Revista de Psiquiatria do Rio Grande do Sul*, v. 1, p. 33-41, 2003.

KOHUT, H. Self deficits and addiction. In: NIDA. *Psychodynamics of Drug Dependence*. Research Monograph 12. Washington DC: NIDA, 1977. p.vii-ix.

LINGFORD-HUGHES, A.; NUTT, D.. Neurobiology of addiction and implications for treatment. *Br. J. Psychiatry. V.*182, p.97-100, Feb 2003.

Mc DOUGALL, J. Neonecesidades y soluciones adictivas. *Piscoanalisis con Niños y Adolescentes*, n.11, p. 62-78, Oct. 1998.

MOOS, R.H. Theory-based active ingredients of effective treatments for substance use disorders. *Drug and Alcohol Dependence*, v.88, p.109-121, 2007.

NESTLER, E.J. Molecular neurobiology of addiction. *Am J Addict, v.*10, n.3, p.201-17, 2001.

ROLL, J.M. Potential sources of reinforcement and punishment in a drug-free treatment clinic: client and staff perceptions. *American Journal of Drug and Alcohol Abuse*, feb. 2005.

PETRY, N.M. *Contingency management in addiction treatment.*, v.XIX, 2002.

_____ . Contingency management treatments. *British Journal of Psychiatry*, v.189, p.97-98, 2006.

PRENDERGAST, M.; PODUS, D.; FINNEY, J.; GREENWELL, L.; ROLL, J. Contingency management for tretament of substance use disorders : a meta-analysis. *Addiction*, v.101, p.1546-1546, 2006.

SENAD, Secretaria Nacional Antidrogas, Governo Federal. *Drogas*: cartilha para pais de adolescentes. Brasília, 2007.

_____ . *Drogas*: cartilha para pais de crianças. Brasília, 2007.

_____ . *Drogas*: cartilha para educadores. Brasília, 2007.

SKINNER, B. F. *Ciência e comportamento humano*. Brasília: Editora da Universidade de Brasília, 1967.

SCHENKER, M.; MINAYO, M.C. A implicação da família no uso abusivo de drogas: uma revisão crítica. *Ciência & Saúde Coletiva,* v.8, n.1, p. 299-306, 2003.

U.S. DEPARTMENT OF EDUCATION, Office of Intergovernmental and Interagency Affairs, Educational Partnerships and Family Involvement Unit. *Tips for Parents on Keeping Children Drug Free.* Washington, D.C., 2003.

VILLA CANAL, A.; FERNÁNDEZ MIRANDA, J. Escuela de padres: un elemento imprescindible en la prevención familiar de las drogodependencia. *Rev Esp Drogodependencia*; v.24, n.2, p.102-117, 2001.

WINNICOTT, D.W. Hate in the countertransference. (1958). In: OMER, Haim. *Autoridade sem violência: o resgate da voz dos pais.* Belo Horizonte: Artesã, 2002.

9 Obesidade
Antonio Marques da Rosa e Elisabeth Meyer

Antes de falarmos especificamente sobre limites e obesidade, que é o objetivo do nosso capítulo, queremos dar ao leitor uma ideia da abrangência desse problema, que já toma proporções epidêmicas.

A preocupação com uma alimentação saudável na infância e na adolescência tem se tornado uma prioridade de saúde pública, devido à constatação de que o sobrepeso e a obesidade continuam aumentando na população jovem. Por meio da prevenção de comportamentos alimentares que levarão à obesidade ou sobrepeso logo no seu surgimento, isto é, na infância e na adolescência, poderemos, a longo prazo, obter uma diminuição das taxas de sobrepeso e obesidade na população geral (van der Horst et al., 2006).

Esses dois conceitos, sobrepeso e obesidade, precisam ser entendidos e diferenciados antes de continuarmos. O sobrepeso é definido como a condição pela qual a massa corporal excede a da média da população para um determinado sexo, estatura e compleição física (Pollock, 1993; Política Nacional de Alimentação e Nutrição, MS, 2003). Logo, o sobrepeso é uma medida relacional. Já a obesidade refere-se ao excesso de gordura corporal e é funcionalmente definida como o percentual de gordura no qual o risco para doenças aumenta (Consenso Latino-Americano de Obesidade, 1998).

Epidemiologicamente, o método mais usado para identificar se um indivíduo apresenta sobrepeso ou obesidade é o cálculo do Índice de Massa Corporal (IMC). É o método mais utilizado por não ser invasivo, ser de fácil e rápida aplicação e ter boa correlação com a quantidade de gordura corporal quando utilizado para avaliar um grande número de pessoas. Obtém-se o IMC por meio da divisão do peso corporal, expresso em quilogramas, pelo quadrado da estatura, expresso em metros. Em adultos, o IMC é considerado normal se estiver entre 19 e 23,9 para mulheres e entre 20 e 24,9, para homens. Aquém desses valores, o indivíduo está abaixo do peso saudável; acima, está com obesidade, que pode ser leve, moderada ou mórbida. Para crianças e adolescentes existe uma tabela progressiva, que relaciona a idade e o sexo ao IMC.

No ano 2000, a Organização Mundial de Saúde (OMS) declarou a obesidade uma epidemia global. Nas duas últimas décadas, a obesidade infantil no Brasil (Oliveira e Fisberg, 2003) triplicou: hoje, em cada 100 crianças brasileiras, 15 têm sobrepeso e cinco são obesas. Em outros países, os dados estatísticos não são melhores: no Canadá, de 1981 para 1986, a obesidade em meninos aumentou de 15 para 29 indivíduos em cada grupo de 100; nas meninas, o incremento no mesmo período foi de 15 para 23 em cada 100. Nos Estados Unidos, no biênio 2003-2004, em cada grupo de 100 crianças e adolescentes, 17 eram obesas. Isso toma proporções alarmantes quando verificamos que o risco de uma criança obesa tornar-se um adulto obeso é de 2 a 6,5 vezes maior do que para uma criança não-obesa. Entretanto, convém salientar que mais da metade dos adultos obesos não foram crianças obesas (Thomas, 2006).

De posse dessas informações iniciais, que dão conta da gravidade e extensão do problema do ponto de vista da população como um todo, e dos conceitos de sobrepeso e obesidade do ponto de vista individual, voltamos ao foco do capítulo – limites e obesidade.

As pesquisas atuais têm se focado tanto nos fatores individuais de ingestão excessiva, tais como as atitudes, preferências de paladar, influências sociais e controle comportamental, quanto nos fatores ambientais que encorajam o comer e desencorajam as atividades físicas. Dessa maneira, a motivação e as habilidades de cada um para um comportamento saudável representam os fatores individuais, enquanto as oportunidades para um comportamento saudável representam os fatores ambientais. Esses fatores ambientais estão interligados com os fatores em nível individual (Oliveira et al., 2003).

Antes de considerar o que devemos fazer quanto aos limites e a alimentação, queremos salientar que aquilo que devemos evitar tem a mesma importância. *Primum non noscere*, formulou Hipócrates, o que se transformou no mote da Medicina: "antes de tudo, não fazer mal". Nessa era de magreza extrema e anorexia, às vezes fatal, com casos que assistimos de tempos em tempos por meio da ampla divulgação dada pela mídia, a mensagem saudável "controle seu peso" pode tomar a direção errada. Temos que nos assegurar de que nossos esforços para a prevenção da obesidade sejam bem-entendidos. As melhores intenções podem ser mal-interpretadas e se tornarem prejudiciais.

Muitas crianças com excesso de peso, devido às tentativas de correção por parte dos adultos, mais tarde desenvolvem problemas de imagem corporal e medo da comida. Por outro lado, tentativas de controle de peso feitas sem nenhuma supervisão por crianças e adolescentes podem levar a sérios problemas e ao déficit de crescimento. Estigmatizar a criança obesa como "sem força de vontade", "feia" ou "preguiçosa" só trará mais prejuízo e discriminação. A última coisa que a criança ou o adolescente obesos precisam é que alguém os lembre de seu peso excessivo. Eles sabem disso. Fazê-los sentirem-se culpados, repreendidos ou humilhados é a última coisa que pais e educadores devem fazer (O'Dea, 2005). Como, então, ajudar o jovem que luta contra o seu peso excessivo?

A resposta está na necessidade de um modelo novo, diferente do habitual, de dieta individual, centrada na perda de peso, que em geral é usado com adultos. O novo alvo não é a perda de peso, mas sim um estilo de vida mais saudável, de mais qualidade. O novo alvo é a mudança de hábitos, a melhoria da saúde como um todo: não mais apenas um olho na balança e o outro na tabela de calorias. Esse conceito é bem mais amplo do que aquele que preconiza apenas uma alimentação saudável e inclui fatores como a quantidade de horas de sono, a atividade física, a quantidade de horas em frente ao computador, em frente à televisão, o peso excessivo na mochila escolar, e assim por diante.

Fatores socioculturais, especialmente a violência urbana nas grandes cidades brasileiras, determinam um estilo de vida de pouca qualidade. Há algumas décadas, os jovens andavam de bicicleta e jogavam bola na vizinhança, em frente de casa ou no terreno baldio da esquina. Isso acabou, e hoje crianças e adolescentes vivem no circuito casa-escola-*shopping*, com escassas possibilidades de atividade física e sob a influência da propaganda gastronômica das praças de alimentação de *shopping centers* e suas tentadoras batatas fritas.

O que queremos dizer é que os limites, quando aplicados exclusivamente sobre a alimentação, não trazem benefícios. Pelo contrário: despertam em pais e educadores sentimentos de impotência, incompetência e frustração, e nos filhos e alunos, a culpa, a estigmatização e a humilhação. Os limites devem ser dados através de um modelo geral de vida saudável, que inclui os diversos aspectos da vida, não apenas a comida.

O maior engano que podemos cometer é acreditar que, quando dizemos uma coisa aos filhos e alunos, mas fazemos outra bem diferente, eles serão influenciados pelo que ouviram, e não pelo que viram. A identificação com um modelo saudável do adulto é primordial. Os limites devem ser mostrados por meio do exemplo, não impostos. Como querer que o filho abdique do prazer das batatinhas e saia da frente do computador, se todas as noites ele vê o pai escarrapachado em frente à TV com um copo de cerveja em uma mão, enquanto a outra afaga o seu abdômen volumoso?

Em outras palavras, o limite que precisamos dar aos nossos jovens começa dentro de nós. Não existem milagres. Comece por você. Mostre que um estilo de vida saudável, não apenas na alimentação, é bom e é possível. Mas mostre também que isso não precisa ser "uma religião", uma seita fanática ou uma disciplina militar. O próprio exercício dos limites também precisa de certo limite, sem culpa, punição ou remorsos se, eventualmente, rompemos o limite proposto.

A seguir, apresentamos respostas a algumas das questões mais frequentes de pais e educadores em relação aos limites e a alimentação.

Nossa filha tem 12 anos e sempre teve um peso normal para sua estatura. Mas, justamente agora, quando começam a surgir os seios e um maior interesse pelos meninos, ela tem exagerado na comida e começou a engordar. Qual a razão dessa contradição entre o seu interesse nos meninos e o aumento do peso?

Na verdade, não existe contradição. Pelo contrário. O surgimento de uma silhueta mais feminina e atraente e o despertar da sexualidade podem estar deixando sua filha assustada com essas poderosas e desconhecidas mudanças no corpo e na mente. Ficar gorda pode parecer uma solução, já que assim ela encobre sua nova silhueta e afasta possíveis interessados. Procurem escutar sua filha, descobrir, em meio às palavras e às mudanças de conduta, os seus receios escondidos e tentem apoiá-la. A obesidade, nesse caso, está a serviço de um propósito defensivo, que é o de lidar com a ansiedade provocada pelas mudanças. Aqui, mais que limites, a menina precisa de entendimento e apoio.

Quem realmente é o culpado pela cultura ao corpo magro?

A questão do culto ao corpo magro vai além do julgamento de inocentes ou culpados. É inegável o papel da cultura de uma sociedade e da própria

Limites **101**

mídia na busca da forma física considerada "ideal", que represente "o sucesso" de uma pessoa. No entanto, é a atitude da família e das pessoas do círculo mais íntimo da criança e do adolescente que influencia na satisfação ou insatisfação corporal.

Eu e meu marido trabalhamos fora e só vemos nossos filhos à noite. É difícil, nesse pouco tempo em que estamos todos juntos, ficar regulando a sua alimentação e negando o que eles nos pedem

Pais que trabalham muito e têm menos tempo livre para dedicar aos filhos podem se sentir culpados por isso. Doces e guloseimas sem restrição podem parecer uma maneira de compensar oralmente os filhos pela falta que os pais imaginam que estão lhes impondo. Assim, buscam diminuir seu sentimento de culpa "adoçando" os filhos. Lembre-se de que o que importa é a qualidade do tempo despendido com os filhos e não a quantidade desse tempo. Seus filhos entenderão, chegada a hora, que o fato de os pais ficarem longe deles trabalhando, por que isso é preciso, é uma manifestação de amor e cuidado.

Procuramos manter uma alimentação saudável em casa e os filhos parecem fazer o oposto. Isso é um tipo derebeldia? Como lidar com isso?

Algumas crianças e a maioria dos adolescentes costumam não gostar dos alimentos habituais ou convencionais. Preferem sanduíches, cachorros-quentes, pizzas, queijos e massas. Pode-se oferecer esses tipos de alimentos colocando, por exemplo, no sanduíche, alface, tomate, cenoura ou outro vegetal que possa agradar. Além disso, algumas negociações podem funcionar, por exemplo: beber iogurte em vez de refrigerante no café da manhã ou lanche. Outro exemplo: levar ao forno alimentos como batatas fritas, empanados, etc., em vez de fritá-los. Trocar doces como *mousses*, chocolates e sorvetes por aqueles feitos à base de frutas, como pêssegos e figos em calda, mariola (doce de banana), etc.

Como fazer uma criança de 5 anos aceitar uma alimentação saudável? Como convencê-la de que a verdura ou a fruta é boa?

Muitas vezes, a criança nem sabe o gosto do alimento, não porque não o queira, mas porque este nunca lhe foi oferecido. Além disso, pode não gostar de um vegetal cru, mas pode consumi-lo cozido, ou seja, oferecido por diferentes formas de preparo. Os pais podem não gostar de um alimento e, portanto, concluem que o filho também não irá apreciá-lo. Limitam, assim, a chance de a criança conhecer e vir a gostar de determinados alimentos. Lembremo-nos de que o hábito alimentar começa a se formar na infância. O fato de ser criança e estar em crescimento não é motivo para comer livremente guloseimas ou "bobagens". Isso conduz à criação de um hábito alimentar não-saudável e pelo resto da vida essa pessoa terá dificuldade em mudar tal hábito – se tentar mudá-lo.

Uma criança que faça bastante exercícios emagrecerá, mesmo que abuse do *fast-food*? Afinal, ela não gasta mais calorias?

Não necessariamente. De qualquer forma, os lanches dos *fast-foods* são ricos em gordura saturada, muitas vezes do tipo "trans", nociva à saúde. Por fazer mais exercícios, essa criança gastará mais calorias, é verdade. Mas não são apenas as calorias que importam. É justamente por isso, por exercitar-se mais, que ela necessita mais de carboidratos do que de gorduras. Uma coisa independe da outra. Hábitos saudáveis incluem a ambos.

Como saber se uma criança está bem, do ponto de vista nutricional?

Mede-se o peso e a estatura da criança e comparam-se esses dados com os valores de uma tabela de curvas (representada em percentis) de crescimento. Os profissionais da saúde têm esssa tabela. Dessa forma, é possível verificar se o peso está de acordo com o previsto para a estatura e para a idade e em qual percentil a criança se encontra naquele momento. Se estiver fora do esperado, aplica-se o cálculo da massa corpórea para definir se há sobrepeso ou obesidade. Se o resultado estiver dentro da faixa considerada normal, não se fazem restrições. Mas, atenção, o resultado favorável não significa isenção do compromisso de orientar para a alimentação saudável e hábito do exercício!

Tenho dois filhos. O mais velho joga futebol, mas o menor é sedentário e está ficando gordo. Devo levá-lo a um endocrinologista?

Existem crianças obesas que já possuem colesterol elevado e outros parâmetros sanguíneos indicadores de síndrome metabólica. Levar ao médico é uma boa ideia, mas o mais importante é mudar os hábitos de vida: estimular a atividade física e cuidar os tipos de alimentos que estão à disposição da criança em casa.

Meu filho só gosta de comer lasanha, *cheeseburger* e bolachas recheadas. Como posso mudar isso?

Primeiro, comendo alimentos saudáveis na presença dele. Em segundo lugar, não comprando como lanche para a escola ou para casa as tais bolachas e salgadinhos. Em terceiro, oferecendo alimentos mais saudáveis nos lanches. Por último, reduzindo gradativamente a frequência com que ele come as guloseimas ou "bobagens".

Todas as mulheres da minha família (avó, mãe e tias) são gordinhas, e com minha filha não é diferente. Estou errada ao pensar que algumas pessoas nasceram para ser gordas?

Realmente, a herança genética pode vir a influenciar no estabelecimento da obesidade. No entanto, isso não significa que a pessoa está condenada a ser gorda. Para aumentar de peso, é necessário ingerir mais calorias do que se gasta.

Sou supervisora de ensino em uma escola e outro dia li no jornal um anúncio que comparava ensino intensivo com alimentação mais completa. Qual a relação existente?

O trabalho intelectual consome muitas calorias. A preparação para provas difíceis, como os exames de final de ano letivo ou o Vestibular, pode trazer perda de peso. Por isso, é necessário controlar a alimentação. Outros alunos na mesma situação, entretanto, por ansiedade excessiva, tendem a comer demais e podem se encaminhar para o excesso de peso.

Sou diretora de uma escola e as mães dos alunos têm me perguntado sobre o tipo de lanche que o bar oferece. De quem é a responsabilidade sobre o lanche oferecido no bar da escola? Da família? Da direção?

Existem projetos de lei em tramitação que visam a regulamentar os tipos de alimentos que são oferecidos nas cantinas escolares. À família cabe orientar a criança e comprar-lhe alimentos adequados. À escola cabe contratar um ecônomo de cantina que ofereça opções saudáveis.

Como eliminar determinados alimentos da dieta dos meus filhos?

Não os oferecendo e não os comprando, dando-lhes opções e oferecendo-lhes sanduíches com frios magros, sugerir-lhes pão integral de vez em quando, bolos feitos em casa utilizando óleo vegetal (milho, girassol, canola ou soja), salada de frutas, iogurte com cereal/granola, etc.

Sou ecônoma de um bar de escola e vejo crianças que vão direto aos alimentos mais gordurosos, enquanto outras buscam uma alimentação mais equilibrada. O que determina essa diferença de comportamento?

Um dos "poderes" da gordura é conferir sabor agradável aos alimentos, ou seja, os gordurosos são mais gostosos. Outro motivo é o hábito alimentar, que depende da educação em casa e na escola.

O fato de a escola oferecer informações sobre alimentação, transtornos alimentares e obesidade realmente pode fazer diferença na saúde da criança e do adolescente?

O ambiente escolar pode fazer diferença na forma como seus alunos se relacionam com a comida. Os estudantes estão em contato diário com os professores e sofrem sua influência. Com certeza, informação e orientação adequadas serão o diferencial na melhoria da qualidade de vida em qualquer meio acadêmico.

Percebo que minhas filhas e suas amigas, todas adolescentes, pegam as embalagens dos produtos para ler as calorias. Esse hábito deve ser elogiado? Isso não vai fazer com que elas desenvolvam um transtorno alimentar?

A conscientização sobre o valor nutricional dos alimentos não prejudica. Ao contrário, pode ser útil. Elas devem ser estimuladas a verificar, além dos dados sobre as calorias, os ingredientes e a informação nutricional, principalmente aquela relativa às quantidades e tipos de gorduras. Os transtornos alimentares surgem acompanhados de situações familiares e de conflitos psíquicos que precisam ser levados em conta.

Por que as adolescentes estão tão preocupadas em alcançar um padrão de beleza quase inatingível?

É importante pensar na mensagem que existe por trás desta busca. Aparentemente, estamos falando de um modelo de beleza a ser conquistado, de um ideal a ser atingido. Entretanto, estamos lidando com a seguinte fantasia: "Se eu me encaixar nesse padrão de beleza, terei como recompensa o sucesso, serei admirada e amada". Na busca frenética dessa ilusão, que muitas vezes é inconsciente, a adolescente acaba por escolher um comportamento danoso, que lhe acarretará sérios problemas na saúde e afetará o seu bem-estar emocional.

Durante os períodos de provas, as crianças tendem a comer mais chocolates, sorvetes, bolachas recheadas. Existe uma explicação para isso?

Como esclarecido anteriormente, a ansiedade faz com que alguns indivíduos comam para aliviar a tensão. Além disso, ao buscar alimentos durante os estudos, aproveitam para "dar uma volta", e essa atividade motora, ainda que seja ir da sala à cozinha, é outra forma de descarregar a ansiedade acumulada.

É verdade que as crianças fazem uma "reserva" de gordura em determinadas idades?

O que ocorre é que as crianças têm uma tendência a fazer certa reserva nutritiva aos 2, aos 5 e dos 8 aos 12 anos, na pré-puberdade. Por isso, comem mais. Elas têm fome e precisam comer. Entretanto, devem comer o que for mais apropriado, com uma alimentação nutricionalmente adequada e balanceada.

REFERÊNCIAS

CONSENSO LATINO-AMERICANO DE OBESIDADE. Disponível em: <http://www.abeso.com.br.htm>. [Acessado em 22 de junho de 2008].

O'DEA, J.A. Prevention of child obesity: 'First, do no harm'. *Health Education Research,* v.20, n.2, p.259-265, 2005.

OLIVEIRA, A.M.A.; CERQUEIRA, E.M;M.; SOUZA, J.S.; OLIVEIRA, A.C. Sobrepeso e obesidade infantil: influência de fatores biológicos e ambientais em Feira de Santana, BA. *Arq Bras Endocrinol Metab,* v.47, n.2, p.144-150, 2003.

OLIVEIRA, C.L.; FISBERG, M. Obesidade na infância e adolescência: uma verdadeira epidemia. *Arq Bras Endocrinol Metab,* v.47, n.2, p.107-108, 2003.

POLÍTICA NACIONAL DE ALIMENTAÇÃO E NUTRIÇÃO / Ministério da Saúde, Secretaria de Atenção à Saúde, Departamento de Atenção Básica. – 2. ed. rev. – Brasília: Ministério da Saúde, 2003.

POLLOCK, M.L.; WILMORE, J.H. *Exercício na Saúde e na Doença: Avaliação e prescrição para prevenção e reabilitação.* Rio de Janeiro: Editora Medsi, 1993.

THOMAS, H. Obesity prevention programs for children and youth: why are their results so modest? *Health Education Research,* v.21, n.6, p.783-795, 2006.

VAN DER HORST, K; OENEMA, A.; FERREIRA, I;, WENDEL-VOS, W.; GISKES, K.; VAN LENTHE, F.; BRUG, J. A systematic review of environmental correlates of obesity-related dietary behaviors in youth. *Health Education Research,* v.22, n.2, p.203-226, 2007.

10 Dinheiro

Diogo Rizzato Lara e Maria Regina Sana

Todos temos que aprender a lidar com o dinheiro, já que não há vida possível na sociedade atual sem compras e pagamentos. Ao contrário de outros comportamentos em que a grande questão é fazer ou não fazer (por exemplo, usar drogas pesadas, fazer sexo desprotegido com desconhecidos, roubar) e em que o comportamento saudável é não fazer, o uso do dinheiro é um comportamento cuja questão é *como* fazer. No entanto, esse *como* fazer pode ter consequências tão ou mais danosas do que os comportamentos tradicionalmente vistos como marginais, para não dizer que pode ser o meio que leva a esses comportamentos. Se existem regras básicas a serem seguidas nesse tema, mesmo que haja exceções, elas são a moderação, como aconselharam há milênios filósofos ocidentais e orientais, como Aristóteles e Confúcio, respectivamente, e a adequação dos gastos ao contexto.

A primeira distinção a ser feita em relação ao uso do dinheiro diz respeito aos tipos de gastos, que podem estar ligados ao prazer ou à necessidade, ou ainda aos dois ao mesmo tempo. Os padrões de gastos de uma pessoa nessas duas áreas podem ser bem divergentes. Por exemplo, alguém pode ser "mão aberta" em relação aos gastos do prazer e bastante "pão-duro" quanto aos gastos da necessidade ou vice-versa. Pode ser moderado em ambos os tipos de gastos ou moderado em um e contido ou liberal em outro. Essas diferenças entre indivíduos estão relacionadas ao temperamento e às vivências e modelos que cada um teve. Há ainda um terceiro tipo de gasto relacionado ao dever, que é um pouco diferente dos gastos da necessidade, como, por exemplo, o pagamento de um imposto, ou o ressarcimento por algum dano material causado a outra pessoa.

No desenvolvimento da criança, o surgimento dos desejos, que serão a base dos gastos envolvendo prazer, dá-se muito precocemente, até porque os desejos só necessitam da compreensão do "agora". Já a noção de necessidade, além de envolver a percepção do "agora", introduz outra dimensão de tempo que é relativa à percepção de consequências futuras, base para o desenvolvimento da habilidade de planejamento. Por último, surge a noção de dever, ambas mobilizando funções mentais mais sofisticadas.

De modo simples, podemos entender os problemas relacionados ao uso de dinheiro como sendo de excessos ou déficits nas áreas do prazer e da necessidade. Cabe aos pais perceberem o padrão de comportamento de seu filho para ajudá-lo na sintonia das suas ações nos diversos contextos. Em relação ao prazer, existem grandes variações individuais referentes ao imediatismo para saciar um desejo, e esse padrão já pode ser bastante observado em crianças. Alguns buscam gratificações imediatas, que em geral são passageiras e voláteis (como comprar uma barra de chocolate), enquanto outros visam a gratificação tardia, acumulando o dinheiro para comprar um bem durável (por exemplo, um brinquedo).

Algumas pessoas encaram o uso do dinheiro como um fim em si mesmo, ou seja, se o têm, gastam, mesmo que seja em algo que particularmente não queiram. Essas pessoas referem que o prazer está em usar o dinheiro e sair com alguma mercadoria, seja ela qual for, embaixo do braço. Esse é um comportamento que lembra o vício, portanto, deve-se tentar reformulá-lo, mudando o foco para os itens que vão ser comprados e o real desejo ou necessidade destes. A pessoa precisa desenvolver a noção de que, ao comprar algo que não quer muito, poderá ficar sem condições de comprar algo mais importante e significativo mais tarde.

Na área do prazer, as crianças que sempre sucumbem à gratificação imediata tenderão a ter mais dificuldade de realizações mais sólidas e duradouras, se não aprenderem a lidar com as frustrações e a controlar os seus impulsos. Já aqueles que não se permitem alguns prazeres imediatos por pensarem demais no futuro podem ter dificuldade em "curtir" os momentos simples da vida e ser percebidos socialmente como rígidos demais. Portanto, podemos conceber que existe uma faixa de comportamento que gera uma relação favorável entre vantagens e desvantagens, havendo um balanço entre gastos de curto, médio e longo prazos.

Apesar de este ser um raciocínio simples para adultos (mas que muitos têm dificuldade para pôr em prática), é fundamental para a criança aprender que, em se tratando de gastos, as escolhas envolvem conseguir o que se quer, ao mesmo tempo em que se abre mão do que ser quer menos. Em outras palavras, o bom uso do dinheiro requer o estabelecimento de prioridades. No entanto, as prioridades são relativas aos valores pessoais e variam muito de pessoa para pessoa e em relação ao contexto.

Quanto à necessidade, também há uma predisposição individual natural para a percepção maior ou menor de riscos e consequências dos atos em geral. Essa predisposição está associada à emoção do medo. O medo influencia o pensamento, predispondo à reflexão sobre as repercussões do que se faz e se deixa de fazer. Assim, uma pessoa que tem mais predisposição a sentir medo tende a ser mais preocupada e cautelosa e terá mais facilidade em usar o dinheiro em itens que lhe deixem mais segura. Já uma pessoa com pouco medo é despreocupada, impulsiva e imprudente, resistindo mais a investimentos e gastos que visem à segurança.

Essas diferenças no perfil do temperamento podem gerar grandes discussões, incompreensões e divergências entre as pessoas, e isso também é verdade em se tratando das diferenças de temperamento entre pais e filhos. Por isso, a educação em relação ao dinheiro não deve se tornar uma doutrina para que o filho gaste exatamente do modo como os pais o fazem. Deve-se procurar respeitar as escolhas da criança, ao mesmo tempo em que é necessária a orientação para evitar excessos e deficiências no comportamento.

A seguir, procuramos responder algumas das questões mais frequentes feitas pelos pais em relação à educação para o uso do dinheiro.

QUAIS SÃO OS PERFIS MAIS COMUNS DAS CRIANÇAS EM RELAÇÃO ÀS COMPRAS?

Há três perfis principais. O mais comum é o das crianças estrategistas, que usam argumentos para ganhar o que querem. O segundo mais comum é o das crianças rebeldes, que protagonizam as principais cenas de birra que se vê em público. E existe um pequeno grupo de crianças que rapidamente se conforma com as restrições.

EXISTEM DIFERENÇAS NOS GASTOS ENTRE MENINOS E MENINAS?

Sim. Como nos adultos, as meninas da nossa sociedade gastam mais em produtos de valor mais baixo e relacionados à vaidade, enquanto os meninos tendem a gastar em poucos produtos, mas mais caros e relacionados a brinquedos e tecnologia. Alguns experimentos mostraram que as meninas

Nina Rosa Furtado & Cols.

são mais direcionadas, ou seja, já sabem de antemão o que querem comprar, mas também é mais comum que estourem o orçamento estabelecido.

QUAIS MUDANÇAS TÊM OCORRIDO NA SOCIEDADE EM RELAÇÃO AO USO DO DINHEIRO COM OS FILHOS?

Um primeiro ponto é o fato de muitos pais, por serem muito ocupados e dedicados ao trabalho, sentirem-se culpados por não estar envolvidos com os filhos. O gasto em presentes e a permissividade podem até reduzir o sentimento de culpa, mas, caso se tornarem um comportamento sistemático, pode ser um tiro que sai pela culatra. Um presente pode ser um símbolo de afeto, mas não é um substituto. Muitas vezes, pedir algo é muito mais uma forma de chamar a atenção do que a manifestação de um real desejo de consumo. Os pais não devem se torturar por não dar aos filhos tudo o que eles pedem. A criança deve aprender também que há ocasiões e datas para se ganhar presentes, ou seja, há um contexto específico. A criança, muitas vezes, não consegue mensurar as variáveis envolvidas no seu pedido, mas precisa saber que a decisão de dar ou não um presente não é um capricho: às vezes, os pais não aprovam o produto ou não podem comprá-lo. Alguns estudos recentes apontam que as crianças passaram a gastar mais tempo em compras e reduziram o tempo de atividades como brincar, ver televisão e conversar com os pais. A mídia e a indústria do entretenimento também têm focado mais a criança como consumidor, sobretudo porque a maioria das crianças passa mais de duas horas por dia vendo televisão ou DVDs. Estima-se que as crianças de 10 anos têm em média 300 a 400 marcas e logomarcas na memória. Uma criança assiste, por ano, a 40 mil comerciais na televisão e requisita 3 mil produtos e serviços por ano. As crianças decidem o que comprar cada vez mais cedo e mudam hábitos familiares. Até poucos anos atrás, era costume o caçula herdar, sem reclamar, brinquedos e roupas dos mais velhos. Hoje, não é raro exigir exclusividade e marcas específicas.

AS CRIANÇAS DEVEM PARTICIPAR DAS DECISÕES DA FAMÍLIA QUANTO ÀS COMPRAS?

Cada vez mais as crianças influenciam as compras da família, porque estão cada vez mais bem informadas, particularmente em algumas áreas, como informática e tecnologia. Levar em conta a opinião da criança pode aumentar o vínculo e a coesão familiar, mas é preciso cuidado para que os pais não se tornem reféns das vontades e gostos dos filhos. O equilíbrio nessa parceria pode ajudar a construir um padrão saudável de compras nos filhos. A participação da criança no supermercado também é um aprendizado, desde a lista de compras, que desenvolve a noção de planejamento e necessidades, até a compra final. Os pais devem obedecer ao contido na lista e podem mencionar se algo está caro ou barato, sinalizando racionalidade e visão estratégica nas escolhas. No entanto, os passeios da família não devem se restringir a eventos ligados somente a compras e gastos, ou seja, o prazer não deve ser associado incondicionalmente ao uso do dinheiro.

O COMPORTAMENTO DO ADULTO EM RELAÇÃO A COMPRAS INFLUENCIA A CRIANÇA?

Certamente. A maneira como os pais lidam com dinheiro e compras é transmitida por meio de atitudes simples, na rotina do relacionamento com os filhos. As atitudes cotidianas de postergar desejos e suportar a espera em nome de benefícios futuros é facilmente captada pela criança. Essa capacidade é essencial para que haja uma boa relação com o dinheiro. As atitudes dos pais são um parâmetro valioso, visto que a criança notará a incoerência se a mãe lhe negar um tênis novo mas tiver 50 pares de sapatos no armário. Gastos equilibrados e opiniões coerentes são fundamentais para ensinar uma atitude tranquila em relação ao dinheiro. Nesse ponto, é importante que não haja disparidades nas condutas entre os pais ou entre pais e avós, as quais abrem oportunidade para as crianças identificarem brechas e conseguir o que querem.

EM QUE MOMENTO DEVE SER DADA MESADA PARA A CRIANÇA?

Não existe resposta exata para essa pergunta mas, a partir dos 3 anos, uma criança já entende a possibilidade de gastar, poupar ou ambas as coisas. Portanto, ela pode ser estimulada a fazer uma pequena poupança com um cofrinho, a fim de juntar até ter o suficiente para atingir algum objetivo seu, que primeiramente é realizar pequenos desejos de consumo. Pode ser dado dinheiro pontualmente à criança para que ela, aos poucos, aprenda e se acostume com o ato de comprar e seus significados. Dos 6 aos 10 anos, o dinheiro já adquire um caráter mais funcional, como, por exemplo, para pagar um lanche na escola. Nessa idade, pode-se começar a dar às crianças uma semanada, que facilita a administração e o controle do dinheiro. A partir dos 11 anos, com o desenvolvimento de mais controle e capacidade de gratificação tardia, o dinheiro pode ser mensal, mas o padrão também pode ser mudado em função dos resultados. Igualmente, pode-se separar o dinheiro dos gastos necessários (passagens, material escolar, pagamento da alguma atividade) do que é de gasto livre do filho.

EXISTEM OUTRAS REGRAS ACONSELHÁVEIS PARA A MESADA?

O objetivo da mesada é que a criança aprenda a fazer planejamento financeiro; para isso, é melhor que exista um dia fixo para o pagamento. A autonomia conferida pela mesada não significa carta branca para qualquer tipo de gasto. Devem ser estabelecidas algumas regras, principalmente quando os filhos forem mais crescidos, de acordo com a ideia do que for considerado adequado, como não usar o dinheiro para comprar cigarros ou emprestar para desconhecidos. No entanto, erros fazem parte do aprendizado. Deve-se evitar cortar a mesada como punição para algum comportamento inadequado. Se, por exemplo, a criança estiver estudando pouco, a punição ou restrição deve ser feita dentro do mesmo tema, como cortar o tempo para jogar videogame ou ficar no computador. Os pais também devem evitar associar a mesada ao sucesso escolar ou à execução de deveres rotineiros, como escovar os dentes ou tomar banho.

A MANEIRA COMO OS PAIS EDUCAM A CRIANÇA EM RELAÇÃO ÀS COMPRAS PODE INFLUENCIAR OUTROS COMPORTAMENTOS?

Sim. A dificuldade dos pais em dizer "não" em relação a compras pode afetar o comportamento da criança em geral, dificultando a sua capacidade de reconhecer o próprio limite individual e de desenvolver o autocontrole. No campo da saúde, a liberalidade para a compra de doces, salgadinhos e refrigerantes tem sido apontada como uma das causas do aumento da obesidade em jovens.

COMO FAZER EM SITUAÇÕES ESPECIAIS, COMO EM PROMOÇÕES E USO DE PRODUTOS QUE GERAM GASTOS?

Primeiro, é preciso estar atento para o apelo comercial de datas comemorativas, como Natal e Dia das Crianças, veiculadas pelos meios de comunicação. Grandes companhias e cadeias de alimentação associam seus produtos a brindes e trocas, que têm nas crianças um alvo mais fácil e dificultam aos pais inibir o consumo de um determinado produto. Atualmente, é difícil comprar uma bicicleta ou um caderno sem referência a algum personagem ou marca. Outra fonte importante de gastos indiretos são produtos como telefone celular. É crescente o uso deles pelos jovens, e os limites devem ser discutidos quando estes ganharem o celular e quando houver abusos e descontroles.

CONSIDERAÇÕES FINAIS

É importante que se busque entender os interesses das crianças. Isso faz com que se sintam aceitas e compreendidas, ao mesmo tempo em que faz com que os pais se sintam menos estranhos ao universo delas. Essa aproximação faz com que pais e filhos possam respeitar os pontos de vista uns dos outros. Dispor-se a aproximar-se dos filhos é a premissa para o processo de educar, inclusive para lidar com dinheiro.

11 Psicanálise
David Zimerman

A questão dos limites vem gradativamente adquirindo alta relevância em uma dimensão multidisciplinar, isto é, este importante assunto pode ser discutido a partir de várias abordagens. Deste modo, a abordagem tanto pode ser a que enfoca a questão dos limites dentro do seio das famílias quanto a de natureza pedagógica, nas diversas instituições de ensino, e a governamental, notadamente no que diz respeito à política de segurança. Da mesma forma, é possível cogitar o estudo dos limites em relação às distintas modalidades dos vínculos sociais, aos problemas referentes à conduta ética de indivíduos, grupos e instituições ou ainda à liberdade que deve ou não ser concedida aos adolescentes. No próprio processo psicanalítico também é relevante conhecer quais são os direitos e os limites do paciente e do psicanalista.

Assim, nós, os profissionais da saúde mental, somos constantemente assediados por pacientes, familiares de pacientes, educadores em geral (pais, professores, diretores), empresários, etc., que, demonstrando estarem ligados ao crescimento sadio de seus filhos, alunos, empresas ou clubes, querem escutar a nossa posição diante de suas dúvidas sobre quais são os limites adequados, sem correrem risco de errar, tanto pelo excesso na colocação de limites quanto pela escassez destes.

As questões levantadas a este respeito sempre giram em torno do mesmo problema essencial, ou seja, a ânsia de conhecer qual é a posição da psicanálise em relação aos problemas e desafios da colocação de limites. Destarte, no presente capítulo utilizarei o recurso didático de perguntas e respostas, em uma tentativa de cobrir as questões mais comumente levantadas e respondê-las da forma a mais simplificada possível.

QUAL É A IMPORTÂNCIA DO ESTABELECIMENTO DE LIMITES PARA OS FILHOS, ALUNOS, ETC.?

Desde a condição de bebê, a função dos pais é a de evitar a absoluta predominância do princípio do prazer no desenvolvimento da personalidade. Foi Freud quem concebeu este princípio, o qual é inerente à condição humana e que, segundo ele, consiste em uma forte tendência das crianças pequenas (e que persiste em muitos adultos) de manterem a ilusão de que sempre serão gratificados em suas necessidades, desejos e demandas, tanto orgânicos quanto emocionais, sem nunca passarem pela dor causada por frustrações.

Ainda segundo Freud, o principal papel dos pais é o de, gradativamente, por mercê das inevitáveis frustrações que a vida nos apresenta, estabelecer para seus filhos a vigência do princípio da realidade, pelo qual as coisas são como são na realidade e não como gostaríamos que elas fossem. Não obstante o fato de a aceitação do princípio da realidade se constituir como a principal característica da condição do adulto sadio, isso não significa que o sujeito deva abdicar totalmente do princípio do prazer, sob a forma sublimada de prazeres e lazeres.

A passagem do princípio do prazer para o princípio da realidade, necessariamente, implica o dever de os pais e os educadores em geral saberem impor as necessárias frustrações, sendo que, entre essas, a principal e mais frequente consiste na colocação adequada de limites. Desta forma, a colocação dos limites e as frustrações estão intimamente ligados entre si, de modo que existe uma medida adequada para ambos, porque um excesso ou uma exagerada escassez de cada um deles pode causar sérios prejuízos no psiquismo da criança, logo, no futuro adulto.

COMO A PSICANÁLISE ENCARA O PROBLEMA DAS FRUSTRAÇÕES?

A psicanálise atual concede uma enorme importância à imposição de frustrações; a este respeito, três aspectos são destacados. O primeiro é a frustração como um ato positivo e sadio, quando empregada adequadamente pelos educadores, porque promove o contato da criança (ou de certos adultos) com a realidade e provê a noção de limites e o reconhecimento de suas limitações, ao mesmo tempo em que prepara a criança para saber

Limites **117**

enfrentar as inevitáveis futuras frustrações, inerentes ao próprio processo de viver. O segundo aspecto é o efeito negativo e desestruturante da frustração continuada e excessiva, injustamente empregada ou, ainda, incoerente (por exemplo: diante de uma mesma "arte" do filho, em determinado dia os pais aplaudem e em outro, fazem severas críticas e ameaças, ou um dos pais frustra a criança, enquanto o outro a acarinha e perdoa). Essa forma de frustração acarreta no injustiçado um estado de confusão e um incremento do seu ódio, com as respectivas consequências daninhas. O terceiro aspecto é a frustração continuada ser demasiadamente escassa. Quando isso ocorre, a criança vai desenvolver onipotência (imagina que "pode tudo"), onisciência (pensa que "sabe tudo") e prepotência (acha que está acima dos outros e que pode mandar em todos).

Um importante papel de um educador, ou do terapeuta, no ato analítico, é o de auxiliar a quem está sob seus cuidados a saber enfrentar as situações frustrantes e poder modificá-las ("fazer uma limonada do limão azedo"), em vez de usar múltiplos recursos para se evadir delas. Também cabe ao educador a função de estimular na criança (ou no adulto que ainda esteja fixado na primitiva posição narcisista) que está sendo frustrada a capacidade de pensar, para que faça reflexões quanto à sua participação no fato frustrante, em vez de simplesmente reagir de forma cega, radical e enfurecida. Aliás, convém enfatizar o fato de que uma forte presença do sentimento de ódio no psiquismo funciona como um inimigo da capacidade para pensar.

Tenho dois filhos, um de 5 e outro de 6 anos. O mais moço é dócil, obediente até demais; o outro é rebelde, furioso e não obedece aos limites que lhe impomos. Reconheço que tanto eu quanto – e principalmente – meu marido somos intransigentes na imposição da obediência aos filhos, porque acreditamos que é a melhor forma de educá-los. Mas, quanto mais queremos submeter o maior às regras da casa, pior ele vai ficando. Por que essa diferença é tão gritante entre os dois filhos? Em que ponto podemos estar errando na educação do mais velho?

Provavelmente, o emprego, por parte da mãe que me fez esta pergunta, das expressões "submetê-lo" e "intransigência" sugerem que, não obstante a boa-fé e seriedade dos pais, pode estar havendo um excesso nas frustrações no afã de colocar os necessários limites. Se esta hipótese estiver correta, comprova-se a probabilidade de que o filho mais velho, desde pequenino, não tenha aceitado a imposição intransigente e desenvolvido alguma forma de ódio, expresso em sua conduta, o que pode estar obrigando os pais a puni-lo de alguma forma, física ou verbal. Isso, no psiquismo do filho, tem um significado de denegrimento e desqualificação, o que, com o incremento do ódio, provoca nele uma baixa da autoestima, de sorte que deve estar se formando um preocupante círculo vicioso, daninho e crescente.

Quando essa situação é levada a um grau extremo de ódio (o que não é o caso em pauta), pode atingir um nível de violência. É interessante registrar que a palavra "violência" origina-se do étimo latino *vis* (que significa força), que dá origem tanto a palavras que designam a pulsão de agressão destrutiva, como "violência", "vilania", etc., quanto a palavras que designam a pulsão de amor, de vida, como a própria palavra "vida", "vitalidade", "vigor", etc. Isso confere com a importante postulação pioneira de Freud, que concebeu dois tipos de pulsões instintivas: a de amor (também chamada por ele de pulsão de vida, ou libidinal) e a de ódio (também denominada por ele de morte, ou agressiva).

Já o filho mais moço, seja porque sua genética se caracteriza por uma boa índole ou porque desde muito cedo observou o conflito de seu irmão mais velho com seus pais, resolveu usar outro tipo de defesa, ou seja, fazer o contrário de tudo o que o irmão fazia. Neste caso, hipoteticamente, pode-se correr um outro risco: criar um sujeito que adquira características de pessoa submetida, ou não, isto é, não podemos descartar a possibilidade de que predomine nele a pulsão de amor, resultante de um possível círculo virtuoso benigno no relacionamento com os pais.

Para completar a resposta, acredito que, levando-se em conta o interesse e a boa-fé nos propósitos dos pais, o prognóstico é bastante favorável, desde que os pais procurem um(a) competente terapeuta de crianças, que possa orientá-los na forma e na medida certa no tocante às frustrações, à colocação de limites, à forma de amar e ser amado e, sobretudo, ao desenvolvimento da empatia, de modo a compreender melhor as necessidades e as angústias do filho mais velho, que estão sendo expressas em sua conduta.

Assim, é bastante possível transformar a agressão do filho, algo destrutiva, em uma agressividade bastante sadia e positiva (sob a forma de garra, entusiasmo, espírito de liderança, espontaneidade e criatividade). De acordo com o parecer do terapeuta, é provável que ele sugira um acompanhamento psicoterápico para o menino. Na idade dele (6 anos), a conjunção concomitante de uma orientação para os pais e uma terapia para a criança costuma dar excelentes resultados.

SEGUNDO A PSICANÁLISE, QUAIS OS BENEFÍCIOS FUTUROS DE UMA ADEQUADA COLOCAÇÃO DE LIMITES À CRIANÇA?

Cabe enfatizar que o papel mais importante de um educador (pai, professor, etc.) consiste em contribuir decisivamente para propiciar aos filhos, alunos, etc., a formação de um autêntico sentimento de identidade, principalmente no que diz respeito à obtenção de uma condição de cidadania. Isso significa que, durante o gradativo desenvolvimento de um indivíduo, ele vai incorporando uma série de valores que caracterizam um cidadão, como os que seguem: o estabelecimento de uma diferenciação entre o "eu" e os "outros"; o conhecimento de seus direitos e deveres para com os outros, de modo a assumir suas responsabilidades e saber onde começa a responsabilidade dos demais; a capacidade de discriminar o certo e o errado, o superficial e o supérfluo e as inevitáveis diferenças entre si próprio e as demais pessoas com quem convive; o reconhecimento dos alcances, dos limites e das limitações de suas capacidades, assim como do seu lugar, papel e posição em seu meio familiar, profissional, grupal e social; o desenvolvimento de um senso de ética, isto é, assumir o fato de que a liberdade de um cidadão vai até o ponto de não poder invadir a do outro, ou seja, poder usufruir a liberdade com responsabilidade. Vale lembrar que liberdade não pode ser confundida com liberalidade, libertinagem ou licenciosidade, caso em que prevalece o abuso da liberdade, com agressão às normas e convenções sociais, com um comportamento social que não leva em conta os limites, isto é, com uma conduta desregrada, sem a mínima consideração pelos outros, com ataques à decência.

Meu filho de 21 anos tem nos preocupando bastante. Ele sempre foi uma criança dócil, obediente, carinhosa; porém, depois que voltou das férias, mudou completamente: chega tarde da noite em casa, anda durante todo o tempo livre com uma turma de rapazes e moças que têm uma aparência e uma família boas, mas suspeito de que alguns façam uso de drogas. Comigo ele está frio, distante, monossilábico e parece não me suportar, especialmente quando eu quero lhe alertar quanto ao perigo das drogas e lhe dar bons conselhos. Com o pai, é pior: eles estão se agredindo com insultos recíprocos, de forma intensa e crescente, a ponto de eu temer que descambem para agressões físicas. A única coisa que persiste boa é que ele continua com um bom desempenho na faculdade. Eu e meu marido sabemos que a colocação de limites é fundamental para o desenvolvimento sadio do adolescente, mas está saindo tudo errado. O que está acontecendo? (pergunta de uma mãe que me procurou em meu consultório)

Creio que o que está acontecendo é algo que é frequentíssimo nos adolescentes, especialmente no que tange ao que comumente é chamado de "conflito de gerações", o que, na verdade, consiste em um "conflito de mal-entendidos", ou seja, os pais não entendem as mudanças que estão se processando com o filho e não se sentem entendidos por ele, sendo que a recíproca é verdadeira. Os chamados "adolescentes rebeldes", ou "aborrecentes", na verdade, na maioria das vezes, estão lutando pela aquisição de um sentimento de autêntica identidade adulta, em que eles tenham os seus próprios valores, ideologia, projetos, etc. – e não necessariamente os valores dos pais.

Assim, muitos pais bem-intencionados não percebem que a rebeldia do seu filho adolescente representa para este a construção de sua identidade, que, comumente, para se tornar genuína e autêntica, transita por uma direção que seja diferente daquela dos modelos dos pais, pelo menos no início. Na prática da clínica psicanalítica, aprendi que o adolescente que quer adquirir um sentimento de liberdade (cuidado! Isto é diferente de "libertinagem") deve possuir a condição de dizer *não* aos personagens paternos que habitam o seu psiquismo interior, e que estão representados como sendo opressores, de modo a conquistar a condição de dizer *sim* ao seu próprio ego.

Dizer *não*, muitas vezes, não significa uma atitude hostil ou beligerante; trata-se, isto sim, de uma tomada de posição que, embora firme, talvez um pouco radical, pode ser muito afetuosa e respeitosa no que diz respeito aos limites, os quais, porém, são efetivados com alguns paradigmas diferentes em relação àqueles dos pais.

O fato de o rapaz continuar mantendo um bom rendimento escolar, de não ter cometido nenhuma transgressão mais preocupante fora de casa, de visivelmente demonstrar que está bem menos tímido, de não existir nenhuma evidência de que ele seja usuário de algum tipo de droga e de que seu grupo de amigos se constitui mais como turma do que como gangue me autorizou a dar um prognóstico favorável, bastante animador, à mãe que me colocou esta questão, desde que o casal se comprometesse a fazer um acompanhamento sistemático, com uma sessão semanal, por um tempo indefinido.

A finalidade da adoção dessa conduta terapêutica foi a de permitir que cada um dos pais pudesse se conhecer melhor e, a partir daí, conhecer as necessidades, angústias, alcances e limitações do filho, restaurar a comunicação entre eles, visto que não sabiam se escutar, e, assim, chegar a um acordo quanto à qualidade e o cumprimento dos limites em relação a horários, gastos, festas em casa, exposição a situações de alto risco, etc., já que uma boa qualidade de vida depende da arte da negociação. Em suma, o objetivo era o de mudar o comportamento dos pais, de modo a desfazer o preocupante círculo vicioso que estava sendo pintado com cores malignas.

Assim foi feito, durante alguns meses, e posso afiançar que o resultado foi altamente positivo, e foi até comovedor o fato de observar uma reaproximação de mútuo amor e confiança do rapaz adolescente com os pais.

Do ponto de vista da psicanálise, qual é a diferença entre "turma" e "gangue"? Pode-se dizer que o maior contingente de grupos transgressores dos necessários limites da sociedade, a ponto de estes praticarem diariamente a violência urbana, existe devido às desigualdades sociais e econômicas? O Estado seria responsável por isso? Trata-se de uma causa perdida?

Os grupos são o *habitat* natural do adolescente. Nos casos sadios – isto é, onde predomina a pulsão de vida e não obstante se cometam algumas transgressões, estas não têm gravidade e são transitórias – cabe usar a denominação turma. Nos grupos em que predominam as pulsões sádico-destrutivas, quase sempre acompanhadas de drogadição, a denominação mais apropriada é gangue.

Em parte, em nosso meio, a enorme desigualdade social e econômica justifica que uma gangue destrutiva represente um grito de desespero e de protesto contra uma sociedade que não só não a entende como ainda a desampara, humilha, engana, corrompe e degrada. Porém, é útil repisar que essa afirmativa é só parcialmente verdadeira. A melhor prova disso é a existência de gangues compostas por adolescentes pertencentes a famílias de alto padrão socioeconômico e cultural e que, mesmo assim, rompem com todos os limites do bom senso, consideração e ética. Você lembra da gangue composta por adolescentes os quais jogaram álcool no corpo de um índio que estava dormindo em uma calçada e, em seguida, atearam fogo? E, mais recentemente, de outra gangue, também composta por adolescentes de alto padrão econômico, alguns universitários, os quais viram uma moça humilde sozinha, em um fim de madrugada, esperando o ônibus para ir ao trabalho, e, covardemente, espancaram-na com socos e pontapés, causando-lhe sérios ferimentos, que poderiam ter atingido proporções trágicas? Questionados pela polícia sobre o porquê de tanta violência, os "delinquentes de alto padrão" deram, cada qual em suas respectivas situações, as seguintes razões: "Não era mais do que um índio"; "Pensamos que era uma prostituta". Dispenso fazer comentários, pelo fato de ser tão óbvia a indignação e repugnância que tamanha atrocidade nos desperta.

Autoridades garantem que, estatisticamente, é bastante significativo o índice de atos violentos praticados por gente da classe média e, também, da classe alta. Creio que, nestes casos, caberia a uma competente comissão mista (técnicos da segurança, políticos, sociólogos, terapeutas de famílias, psicólogos, psiquiatras e psicanalistas) fazer um estudo aprofundado das verdadeiras causas que provocam um tão alto grau de ruptura e transgressão de todos os limites.

Como já foi antes aludido em certos trechos deste capítulo, cabe enfatizar que o desenvolvimento do psiquismo do ser humano, na determinação da sua personalidade, repousa em fatores como as frustrações, identificações e colocação de limites, tanto no âmbito da normalidade quanto na patologia. A possibilidade de predominar a patologia também pode ocorrer no seio de famílias de classes sociais média e alta, por mais esclarecidas que elas sejam.

Assim, frustrações excessivas ou injustas por parte dos pais despertam nos filhos, sejam crianças ou adolescentes, um sentimento de ódio, com a possibilidade de este se converter em comportamentos perversos e sádicos. Em contrapartida, as frustrações por demais escassas repercutem em uma frouxidão na colocação de limites, com as consequências daninhas já comentadas. Ademais, também é fundamental o conhecimento de que os filhos se modelam pelos valores e atitudes dos pais, de modo que se identificam com eles, tanto em relação aos aspectos amorosos quanto aos patológicos, inclusive em prováveis condutas sádico-destrutivas.

Assim, cabe sintetizar este capítulo a partir da última pergunta: trata-se de uma causa perdida ou os responsáveis (pais, professores, autoridades) é que estão perdidos na causa?

PARTE III
Parar para poder continuar

12 A mídia que nos afasta e nos aproxima

Thaís Furtado

Eu e a organizadora deste livro somos irmãs e nascemos em épocas diferentes. Quinze anos nos separam – e também muitas vezes nos uniram. Nossa relação com a mídia, portanto, foi construída de forma distinta, porque no mundo da comunicação e da tecnologia tudo acontece muito rápido. Quando a Nina era criança, a televisão auxiliava nossa mãe a levá-la, junto com nossos irmãos mais velhos, para a cama. Bastava começar a música da propaganda dos cobertores Parahyba para todos irem para seus quartos. "Tá na hora de dormir, não espere mamãe mandar..."

Já eu, que nasci um pouco depois, em uma época em que o Brasil se propunha ser maravilhoso, mas censurava até as novelas, acostumei-me a dormir no sofá da sala com a televisão ligada. Só ia para cama depois de muita insistência, para aproveitar os últimos minutos de convivência familiar, que então começava a acontecer nos lares principalmente em torno da telinha. Nossos filhos já nasceram "midiatizados". As filhas da Nina não sabem o que é viver sem televisão a cabo e os meus têm suas imagens gravadas até dentro da minha barriga. Nasceram teclando e sabem mexer melhor em aparelhos eletrônicos do que nós duas juntas.

Séculos atrás, a infância não tinha importância social. Aos poucos foi adquirindo cada vez mais força. Seria impensável há cinco ou seis décadas uma criança contradizer seus pais dizendo que queria ficar acordada até tarde, ouvindo rádio, assistindo à televisão ou vendo um programa com cenas de nudez e violência. Com a emancipação feminina e as divisões das tarefas em casa e na rua para manutenção do *status* social, o sentimento de culpa dos pais também cresceu. A televisão, que antes, curiosamente, podia até ajudar os pais a impor limites, hoje passou a ser outro tipo de babá. Ela distrai, diverte, mas não manda ninguém para a cama. Em relação às refeições, por exemplo, esta "babá" faz com que as crianças tornem-se obesas ao comerem, paradas em sua frente, os produtos com gordura trans que anuncia enlouquecidamente.

Muitos pais de hoje foram os jovens que se rebelaram nos anos 60 e agora não sabem o que fazer com o mundo que criaram. Como a juventude passou a ter voz ativa na sociedade, a mídia também passou a olhar para ela de forma diferente. A expressão "delinquência juvenil" dos anos 50 virou a "cultura dos jovens" ou a "cultura pop" dos anos 60. E o adolescente começou a ser visto como consumidor, um novo segmento de mercado que então se criava. Os adolescentes, cada vez mais, compravam revistas, assistiam a programas de televisão e a filmes no cinema e adquiriam discos. Tudo isso em relação a produtos feitos exclusivamente para eles. Como aponta Maria Celeste Mira,

> uma das características mais impressionantes da cultura jovem é a sua vocação para o entretenimento. Apesar do empenho dos mais velhos em estudos e debates para controlar o fenômeno (educando ou ensinando), essa cultura voltada para o prazer e o divertimento fortemente ligada ao consumo se expandirá a partir dos anos 60, com extrema rapidez (Mira, 2001, p. 153).

O impacto da descoberta da juventude e a ascensão da cultura pop mudaram a relação dos meios de comunicação com os adolescentes no mundo todo (Mira, 2001). Foi um mercado novo que se abriu da noite para o dia, e, quanto mais jovens, mais as gerações estão incorporadas ao mundo globalizado e mais as tecnologias influenciam seu comportamento. A mídia passou a ser direcionada para públicos específicos, dividindo as pessoas (consumidoras) em faixas etárias. São poucos as revistas ou programas de televisão que agradam públicos de qualquer idade.

Da mesma forma que jovens e adolescentes se tornaram consumidores dentro da sociedade, hoje isso está visivelmente se consolidando em relação às crianças. Se antes os pais decidiam sozinhos o que comprar, onde ir, o que assistir na televisão, hoje os filhos, já desde muito cedo, também participam das decisões familiares – o que, dependendo da medida, pode representar uma responsabilidade e um peso muito grande para os pequenos. As revistas e programas de televisão infantis se multiplicaram, sem falar nos inúmeros sites com jogos, desafios e até notícias sobre as celebridades que já têm fãs com menos de 10 anos de idade. É a mídia, como de costume, agendando a própria mídia, agora para um público infantil.

O jornalismo já se direciona para as crianças, o que pode render um excelente debate sobre de quem é o papel de informar os pequenos. Dos pais, dos meios de comunicação, da escola? O jornal *Zero Hora*, por exemplo, já publica uma versão para crianças de suas notícias com o título *Para seu filho ler*. Mas será que a mídia tem condições de contar de forma ética o que está acontecendo no mundo para um público de faixa etária tão baixa? Afinal, para cada acontecimento existem múltiplas interpretações, e uma família, quando conta algo para seus filhos, já está transmitindo valores que julga importantes. Como esse é um fenômeno recente no jornalismo, muita discussão ainda se fará sobre o assunto. Na publicidade, o direcionamento para o público infantil já é gritante. Bichinhos, ídolos, atores-mirins anunciam tudo e mais um pouco para as crianças. É uma arma poderosa e difícil de ser enfrentada.

Mas se, por um lado, a televisão e o computador podem ser vistos como os grandes vilões da atualidade dentro dos lares, eles podem também ajudar a entender quem são as crianças de hoje e quem somos todos nós, seres humanos do século XXI. Se os pais conseguissem acompanhar a programação assistida pelos filhos, os sites nos quais eles navegam, os filmes a que assistem no cinema, poderiam aproximar-se e compreender melhor o seu universo. "Através das fantasias que embalaram os sonhos das gerações mais recentes deve ser possível saber algo a mais sobre o tipo de gente que estamos nos tornando" (Corso e Corso, 2006, p. 21).

É muito comum hoje os pais se preocuparem com o tempo que os filhos ficam em frente ao computador ou à televisão. É evidente que ficar horas em frente à televisão é prejudicial. Mas ela em si não é o problema. A questão primordial é que a criança que passa muito tempo na frente da telinha certamente está sem opções de outras coisas para fazer. Está deixando de brincar, de jogar, de conversar, de ler, enfim, de conviver com outras crianças e com a sua família. "Uma criança viciada em televisão é também aquela que não recebe muitos estímulos e tem poucas oportunidades de interlocução com seus adultos e pares" (Corso e Corso, 2006, p. 167).

Mas por que as crianças ficam tanto tempo assistindo à televisão? Em primeiro lugar, porque atualmente a sociedade se organizou de tal forma que não existem muitas opções de convivência pública. Antigamente, as crianças da classe média brincavam com seus vizinhos, nas calçadas, nos campinhos de futebol. Hoje, até pelo medo da violência, somente as crianças que moram em condomínios fechados têm essa oportunidade, e mesmo assim não com a intensidade que ocorria no passado. Além disso, os pais de hoje trabalham várias horas por dia, e as crianças não só acabam passando muito tempo na frente da telinha como fazem isso sozinhas.

E aí está outro problema: os adultos não ficam ao lado da criança assistindo à televisão para poder analisar aquilo que está sendo passado para ela. Não há alguém que critique conteúdos, levante dúvidas, elogie algo interessante. Se os pais pudessem fazer isso, estariam mostrando que não é preciso aceitar qualquer conteúdo sem refletir sobre ele. Então, a própria criança se habituaria a ter o mesmo comportamento, ou seja, pensaria sobre aquilo que está assistindo. Existe uma falsa noção de que tudo que está na televisão é verdadeiro. O que passa na televisão é sempre o ponto de vista de um realizador. Sempre estamos assistindo a versões de fatos. "Normalmente, é mais fácil culpar a televisão do que questionar onde estão os pais e qual a sua capacidade de estimular e educar os filhos" (Corso e Corso, 2006, p. 167).

Uma criança que fica sozinha o dia inteiro e vê um super-herói voando só vai achar que pode fazer o mesmo e se jogar pela janela se não tiver nenhum adulto ao seu lado para comentar aquela ação. As crianças fantasiam, imaginam situações, e isso, em princípio, é muito saudável para o seu crescimento. Mas, se seu pai colocar uma capa e brincar com ela de super-herói, ficará muito claro que aquilo não passa de uma brincadeira. Winnicott diz que "conquanto seja fácil perceber que as crianças brincam por prazer, é muito mais difícil para as pessoas ver que as crianças brincam para dominar angústias, controlar ideias ou impulsos que conduzem à angústia, se não forem dominados" (Winnicott, 1982, p. 162). Dessa forma, elas usam as narrativas apresentadas pela televisão para reviver situações e sentimentos pelos quais passaram. Os pais devem entender isso para estimular positivamente o que é imaginário e deixar claro o que é realidade, o que é responsabilidade. Assim como a criança deve saber que existem regras a seguir, que existe hora de estudar, de comer, de tomar banho, ela saberá que é importante brincar, criar livremente para se sentir feliz. Fantasia e realidade, então, vão sendo percebidas de maneira saudável pela criança.

Mas a verdade é que as crianças acabam ficando sozinhas. É preciso, portanto, oferecer outras opções para que elas não fiquem o dia inteiro na frente da televisão. Qual a criança que não vai preferir brincar com um amigo a assistir a um programa na TV? O grande desafio é conseguir proporcionar outras atividades para as crianças, já que os pais acabam ficando distantes – mas atividades livres, lúdicas e não mais tarefas e compromissos. O melhor seria que a criança não ficasse muitas horas sem a companhia de alguém, pois fica muito difícil competir com a força de um aparelho de televisão ou de um mundo inteiro oferecido pela Internet. E, quando os pais estão em casa, o ideal é que possam dar atenção aos filhos. É no mínimo estranho criticar o filho por estar somente em frente à TV e não ficar em frente ao filho nunca.

Talvez facilite a compreensão dessa questão pensar que o exemplo é a melhor, senão única, forma de ensinar. Quanto menor a criança, mais ela admira seus pais. Bettelheim explica que a palavra disciplina vem da ideia de transmissão de instruções a discípulos. No entanto, para que essa transmissão dê resultado, ela deve necessariamente ser feita com respeito e amor. "Seguindo essa linha de pensamento, deveria ser óbvio o método mais confiável de instilar em nossos filhos valores desejáveis e autodisciplina que os sustentem" (Bettelheim, 1988, p. 104). O discípulo precisa não só receber ordens, mas, principalmente, ter um mestre para se espelhar. Se pensarmos, então, que os filhos imitam os pais, fica difícil imaginar, por exemplo, que uma criança não goste de assistir à televisão se os pais, sempre que chegam em casa, correm para ver o próximo capítulo da novela. Se uma família valoriza programas como *Big Brother*, por exemplo, e tudo o que acontece entre os célebres do momento é assunto para comentários, a criança também vai querer participar das discussões e estar por dentro do que está acontecendo.

De nada vão adiantar palavras duras se o exemplo dado em casa contradiz o que está sendo pedido ou ordenado.

> Nossos filhos se formam reagindo a nós: quanto mais nos amam, mais nos imitam, e mais internalizam não só valores que defendemos conscientemente como aqueles de que não temos consciência, mas que influenciam nossas ações; e quanto menos nos amam e admiram, mais negativamente reagem a nós na formação de suas personalidades. (Bettelheim, 1988, p. 107)

Uma mãe que lê, por exemplo, e faz isso com prazer, mesmo que não tenha a intenção, acabará mostrando ao filho que ler é algo importante e bom. E a criança acaba se impressionando mais com seus pais quando eles agem naturalmente, sem se preocupar com o efeito do que estão fazendo. Isso acontece pelo simples fato de estarem sendo verdadeiros.

Com a imensa variedade de programas que existe hoje na televisão, outra preocupação dos pais é em relação aos conteúdos violentos ou com sexo em demasia apresentados pela mídia. Nenhuma criança vai optar por ver programas adultos ou de violência e nudez por acaso. Ela fará isso, normalmente, por estímulo de alguém. Cabe lembrar que vários canais hoje exibem programas extremamente interessantes e com conteúdo educativo para as crianças, sem serem nada chatos. É verdade que a sociedade como um todo valoriza programas com sexo e violência, e é muito chato para a criança não saber falar sobre aquilo que todos estão comentando na escola, por exemplo. A escola, por sinal, é um dos únicos espaços de convivência pública que restaram para as crianças e adolescentes. Por isso sua imensa importância hoje na formação das pessoas, e por isso sua presença constante em narrativas televisivas.

Provavelmente, se para os pais a TV e a Internet não são assuntos valorizados, para a criança também não serão. É necessário, no entanto, perceber que existem várias formas de se valorizar algo. Proibir totalmente uma criança de assistir programas que toda a sociedade está comentando também é uma forma de valorizar aquele produto. Ele passa a ser desejável e importante para a criança. "Há uma enorme diferença entre adquirir disciplina por identificação com aqueles a quem se admira e ganhá-la por imposição autoritária – algumas vezes, dolorosamente infligida. A disciplina imposta a uma criança será provavelmente contraproducente, até mesmo prejudicial, àquilo que o pai deseja conseguir" (Bettelheim, 1988, p. 115).

Existe então uma fronteira ainda muito nebulosa entre o que é bom e o que é ruim na mídia e o que deve ser feito ou não pelos pais para educar os filhos perante as novas tecnologias. O difícil é se conscientizar de que a solução está em nós mesmos, na forma como nos relacionamos com nossos filhos e com a mídia. É preciso ter claro que a televisão e a Internet trouxeram inúmeras vantagens para nossas vidas e que uma narrativa não é menor simplesmente por estar na TV. Agir de forma arredia à mídia certamente não traz resultados. Os aparelhos de televisão e os computadores estão dentro de nossas casas, nos quartos de nossos filhos. Com eles, as crianças hoje fazem pesquisas, sabem como está o tempo do outro lado do planeta, conversam com pessoas de toda parte do mundo.

O conceito de indústria cultural, criado nos anos 40 a partir de reflexões dos filósofos Max Hokheimer e Theodor Adorno, foi importante para pensar o que aconteceria com a arte – e com os seus consumidores – se ela passasse a ser vista como uma mercadoria. No entanto, mesmo que se pense a televisão como uma transmissora de conteúdos massificados e de estéticas muitas vezes pobres, é fundamental destacar que nem tudo que a mídia oferece é ruim. Alguns pais e professores se preocupam, por exemplo, com o fato de os jovens estarem utilizando uma linguagem nova na Internet, que fere todas as regras básicas da língua portuguesa. Esquecem-se, no entanto, que nunca as crianças e adolescentes se corresponderam tanto e, principalmente, que o que está surgindo ali nos computadores é algo novo. É uma linguagem oral transposta para a escrita da forma mais rápida possível. Pela primeira vez na História, as pessoas estão se comunicando por escrito em tempo real. E o jovem que lê, que conversa em casa e com os amigos, e que sabe ser crítico, não terá nenhuma dificuldade em saber que nos programas virtuais de bate-papo ele deve usar uma linguagem e na escola, outra. Assim como ele sabe que com os pais vai falar de um jeito e com seus amigos, de outro. Basta pensarmos a respeito de como nos comunicamos nos diferentes ambientes pelos quais circulamos diariamente para entender isso.

Além disso, não se pode achar que o poder da mídia é absoluto. "Hoje, sabemos que não há campanha publicitária capaz de fazer o público engolir um filme ou programa de televisão que não seja do seu agrado" (Corso e Corso, 2006, p. 168). Portanto, antes de querer culpar a mídia por aquilo que esteja acontecendo de inadequado no comportamento dos filhos, é importante lembrar que eles são *nossos* filhos. São, quando pequenos, aquilo que os ensinamos a ser. Mais tarde, serão responsáveis por seus próprios atos. "Certamente poderá existir um ambiente prejudicial ou coisa semelhante, mas (desde que tenhamos realizado um bom começo) as dificuldades que encontramos em defrontar tal ambiente resultam, principalmente, da existência de conflitos essenciais dentro de nós próprios" (Winnicott, 1982, p. 225). A mídia, portanto, é como qualquer outro "ambiente", que pode influenciar, mais ou menos, nossos filhos. Se eles tiverem respeito, amor, disciplina, paciência e outros valores positivos em casa, certamente saberão separar o joio do trigo entre aquilo que a mídia oferece, assim como saberão o que lhes traz felicidade ou não em qualquer outra experiência na vida.

Nós duas, eu e a Nina, por exemplo, que nascemos em décadas diferentes e que tivemos experiências diferentes em relação à mídia quando crianças, gostaríamos hoje de nos ver muito mais. Em compensação, conversamos por e-mail, trocamos fotos de nossos filhos, sugerimos livros ou filmes uma para a outra e até discutimos *on-line* sobre este texto, que fala, justamente, sobre esta que nos aproxima e nos afasta: a mídia.

REFERÊNCIAS

BETTELHEIM, B. *Uma vida para seu filho.* 26.ed. Rio de Janeiro: Campus, 1988.

CORSO, D.L.; CORSO, M. *Fadas no divã: psicanálise nas histórias infantis.* Porto Alegre: Artmed, 2006.

MIRA, M.C. *O leitor e a banca de revistas: a segmentação da cultura no século XX.* São Paulo: Olho d'Água/Fapesp, 2001.

WINNICOTT, D.W. *A criança e o seu mundo.* 6.ed. Rio de Janeiro: Guanabara Koogan, 1982.

13 Cinema
Jorge Furtado

Para começar, uma lembrança: não tenho certeza de nada. Aqui, penso por escrito, dividindo com o leitor o que me é mais caro, minhas dúvidas. Conselhos são, quase sempre, perda de tempo. O que não sabes por ti, não sabes. Os livros de autoajuda, a que prometem felicidade, técnicas irresistíveis de sedução ou enriquecimento fácil são falcatruas, fraudes planejadas por oportunistas com o único objetivo de tirar dinheiro – ou poder, ou fama, que acabam resultando em dinheiro – de otários. Como se percebe em qualquer livraria de aeroporto, o número de oportunistas é enorme, só superado pelo número de otários. Há, tem que haver, especialistas bem-intencionados, pessoas interessadas em repartir conhecimento, mas acho que o pai que ama tem mais autoridade que qualquer um para determinar limites aos seus filhos.

Para começar um debate é preciso encontrar algum ponto de concordância do qual devemos partir, mesmo que em direções opostas. Imagino que o nosso ponto de partida seja a ideia de que as crianças – isto é, seres humanos entre 0 e 12 anos, mais ou menos – precisam de limites e que, além da natureza, da escola, do Estado, das condições econômicas, da mídia e sabe-se lá de quem mais, cabe sobretudo aos pais, que amam seus filhos, estabelecer estes limites.

Limite, ensina o dicionário, é uma linha que determina uma extensão espacial, os limites de um país, de um terreno, uma linha de demarcação. Por analogia, também falamos em limite de tempo, de capacidade de carga, de velocidade. Por sentido figurado, o limite também pode demarcar os contornos de um domínio abstrato. Há limites para a paciência, para o amor ou para a liberdade.

Se o assunto são filmes ou programas de televisão que as crianças devem ou não devem ver, qual é o limite? Haverá uma linha que separe estes filmes? Por que? É claro que esta linha, se houver, será tênue, difusa ou, ainda, móvel, segundo o tempo e a circunstância. Se você assiste ao filme junto com seu filho e está disponível para responder perguntas que a história pode sugerir ("O que é tortura?"; "Para que serve uma camisinha?"; "O que é Auschwitz?"), o universo dos filmes que ele pode ver se expande muito. Se você entrega o controle remoto ao seu filho e sai de casa e tem fé, reze.

Devemos também, desde já, excluir o critério qualidade na classificação dos "filmes que crianças podem ver". *O império dos sentidos*, *O último tango em Paris* e *O bom, o mau e o feio* são obras-primas, filmes de qualidade inquestionável e inquestionavelmente inadequados para crianças. Estes filmes contêm cenas explícitas de sexo e violência, que apelam aos nossos instintos básicos de reprodução e morte. Crianças não precisam e nem devem se preocupar excessivamente com reprodução e morte. Adultos, sim.

Conversa com filho de aproximadamente 6 anos.

Pai 1.
– Pai, eu posso ver este filme?
– Não, não pode.
– Por que não?
– Porque não!

Pai 2.
– Pai, eu posso ver este filme?
– Não, não pode.
– Por que não?
– Porque é um filme de adulto.
– Por quê?
– Porque sim!

Pai 3.
– Pai, eu posso ver este filme?
– Não, não pode.
– Por que não?
– Porque é um filme de adulto.
– Por quê?
– Porque ele mostra coisas de adultos, que só os adultos entendem.
– Que coisas?
– Muitas coisas. E que tal este outro filme? É ótimo! Vamos ver?

Limites **135**

O Pai 1 é muito limitado, coitado. E coitado do seu filho, que não aprendeu nada. O Pai 1, em pouco tempo, deixa de ser referência para o filho. Crianças são espertas.

O Pai 2 já merece alguma simpatia. Ele sabe – e informa ao filho – que existem filmes feitos para adultos e filmes feitos para crianças. Só não sabe explicar por quê. Talvez ele mesmo não saiba. Ou não saiba dizer. Ou tenha preguiça, está exausto, trabalhou o dia inteiro. Pergunte para a sua mãe.

O Pai 3, além de informar ao filho a existência de filmes adultos, inadequados para ele, informa também que existem assuntos que interessam aos adultos e não interessam e não devem interessar às crianças. Não precisa dizer que estes assuntos são sexo e violência. É melhor mudar de conversa, dirigir o interesse do filho para algo de bom. Se os pais dissessem mais aos filhos o que eles devem ver, pouco precisariam dizer o que eles não devem ver.

Dizer, segundo o que eu quero dizer, é seduzir. A sedução é o melhor, senão o único, caminho para o conhecimento.

Pai 1
– Você precisa ver este filme! Chaplin é um clássico inquestionável do cinema mundial.
– Que saco!

Pai 2
– Você precisa ver este filme! Ele enfia dois garfos em dois pãezinhos e dança!
– Como?

Ver bons filmes, ler bons livros, ouvir boa música toma todo o tempo disponível que uma pessoa tem para ver filmes, ler ou ouvir música. Para que ver filmes ruins? Há um motivo: a única maneira de saber se um filme é bom ou ruim é vendo muitos filmes e, necessariamente, vendo filmes ruins. Há um personagem de Kurt Vonnegut que explica que a maneira de se reconhecer uma boa pintura é ver com atenção mais de mil pinturas. Você já viu mais de mil filmes, mas seu filho, não. Ajude-o a escolher.

Limite é também o nome de um filme, um belo filme de Mário Peixoto, com belas imagens, mas, acredite, o seu filho não vai gostar. E não se deve mostrar às crianças um filme que elas não vão gostar.

Longa citação: Borges e o prazer da leitura.

136 Nina Rosa Furtado & Cols.

"Acho que a frase 'leitura obrigatória' é um contra-senso. A leitura não deve ser obrigatória. Devemos falar de prazer obrigatório? Por quê? O prazer não é obrigatório, o prazer é algo buscado. Felicidade obrigatória! A felicidade, nós também buscamos. Fui professor de literatura inglesa por 20 anos na Faculdade de Literatura e Letras da Universidade de Buenos Aires e sempre aconselhei a meus alunos: se um livro os aborrece, larguem-no; não o leiam porque é famoso, não leiam um livro porque é moderno, não leiam um livro porque é antigo. Se um livro for maçante para vocês, larguem-no; mesmo que esse livro seja *O paraíso perdido* – para mim não é maçante – ou o *Quixote* – que para mim também não é maçante. Mas, se há um livro maçante para vocês, não o leiam: esse livro não foi escrito para vocês. A leitura deve ser uma das formas da felicidade, de modo que eu aconselharia a esses possíveis leitores do meu testamento – que eu não penso escrever –, eu lhes aconselharia que lessem muito, que não se deixassem assustar pela reputação dos autores, que continuassem buscando uma felicidade pessoal, um gozo pessoal. É o único modo de ler." (Entrevista feita na Biblioteca Nacional em 1979; Borges, 2002).

Ver um filme também deve ser uma forma de felicidade. Lembre-se de que o sofrimento provocado pela tragédia – definida por Aristóteles como uma droga coribântica e psicagógica[*] – também provoca prazer e, portanto, felicidade. O problema da droga da felicidade (e este era o argumento de Platão) é que ela pode viciar ou entorpecer. É uma questão de dose ou de predisposição à dependência. Algumas crianças verão em *Tom e Jerry* um estímulo a jogar um piano sobre os seus amigos. Outras, a maioria saudável, vai apenas se divertir.

Às vezes, o problema não é o que o filme mostra, mais ou menos sexo e violência. O problema é como mostra. *High School Musical*, o megassucesso infanto-juvenil dos estúdios Disney, não contém sexo ou violência. O filme tem coreografias eficientes, algumas músicas muito boas e ótimos jovens atores. O enredo é para lá de politicamente correto. Gabriela, a heroína morena, é uma moça tímida, superestudiosa, cansada de bancar a crente da aula. Troy, o herói louro, é um excelente atleta, pressionado pelo pai (que é também o treinador do time de basquete) a liderar as

---

[*] N. do R.: Relativo à psicagogia, termo que, no sentido filosófico, constrói em seus participantes (o aprendiz de filosofia) uma forma de ver o mundo. Em sentido mais lato, refere-se a todos os tipos de atração e sedução, como a magia exercida sobre a sensibilidade humana pela música, a beleza e a retórica. (*Fonte*: Marcus Reis Pinheiro. *Experiência vital e filosofia platônica*. Tese de doutorado. PUCRJ (2004).

vitórias do time. Mas ele também está insatisfeito. Troy e Gabriela tem o mesmo prazer secreto: gostam de cantar. Eles se conhecem em um palco, em um dueto de *karaokê* para o qual são empurrados contra a vontade. Conhecem-se e, é claro, imediatamente se apaixonam. A vilã da história, Sharpey, é uma patricinha superesnobe que domina o palco do colégio nas apresentações musicais. Troy e Gabriela, em segredo, inscrevem-se para os testes do musical da escola, criando os seguintes conflitos: provocam a fúria de Sharpey, que fará tudo para destruí-los; desafiam os pais, recusando-se a cumprir os papéis que deles esperam, de atleta e estudante exemplar; decepcionam suas respectivas turmas na escola, rompendo os limites dos grupinhos demarcados – *nerds*, atletas, *hippies*, patricinhas e outros. No final, a redenção pela arte: Troy e Gabriela lutam por sua felicidade, passam nos testes, brilham no show musical, superam as adversidades do amor, injetam tolerância nos colegas e recebem o reconhecimento dos pais. E vivem felizes até o *High School Music 2*.

A mensagem explícita do enredo é a tolerância, o valor da realização pessoal, o respeito à diversidade, o estímulo à mistura de etnias e classes (claro que o quarto e o quinto papéis são reservados aos negros e há também chicanos e orientais na escola). Tudo certo. Certo demais. Contos de fada politicamente corretos podem causar tanto mal quanto violência gratuita ou perversão. Esteticamente, o filme prega o oposto de seu enredo. Sua representação de sociedade (sem excluídos), os objetivos de seus personagens (sucesso, fama, reconhecimento) e seus padrões de consumo e de beleza podem, se ingeridos em excesso ou sem contrapontos, causar intolerância e desrespeito à diversidade e à mistura, além de associar a realização e a felicidade pessoal ao reconhecimento público, de preferência acompanhado por medalhas e fotos nos jornais. Não basta ser feliz: é preciso ser o mais feliz da escola. E que todos saibam disso.

Fica, portanto, proibido... É claro que não. O melhor é assistir em conjunto, dividir prazeres com o filho. Afinal, ele vai acabar buscando o prazer onde ele estiver. Não é melhor estar juntos?

Na dúvida, siga o seu instinto. Quando o assunto é a criação dos filhos, acredito inteiramente na máxima de Santo Agostinho: "Ama e faze o que quiseres".

REFERÊNCIAS

BORGES, Jorge Luis. *Curso de literatura inglesa*. São Paulo, Martins Fontes, 2002. p.390.

14 Propaganda
Sérgio Furtado

"Se tua liberdade de dar socos termina onde começa o meu nariz, meu poder de despertar teus desejos inicia onde a tua consciência termina."

Espero que até o final deste capítulo eu possa concordar com esta frase, que é minha, mas que escrevi com alguma angústia, fascinado mais pelo seu ritmo. E na propaganda, como na literatura, ritmo é tudo.

Vamos lá.

A publicidade não é feita para o consciente, é dirigida para libertar emoções. McLuhan escreveu há meio século que toda propaganda vista racionalmente é idiota. Não com estas palavras, é claro, mas com esta intenção. E somente publicitários inescrupulosos ou onipotentes acreditam que a propaganda é capaz de criar necessidades. Ora, ninguém compra e consome o que não deseja. Nenhum animal livre e independente faz o que não quer. Graças a Deus e ao nosso livre arbítrio.

Propaganda é feita para rir e para chorar. Se possível, as duas coisas durante o mesmo comercial, de apenas trinta segundos. Este é o poder da mensagem publicitária: disparar o gatilho da emoção. Propaganda não é feita para pensar, refletir, meditar. Isso é literatura, jornalismo, mapa astral ou manual de autoajuda.

Propaganda é apenas para sentir. Para se divertir. Para dar prazer, bem-estar e, de carona, informar. Então, que não se cobre dos publicitários – sou um deles, com orgulho, há mais de 30 anos – responsabilidade sobre o consumismo irresponsável e inconsequente. Nossos anúncios tocam sentimentos e estimulam vontades que você tem guardadas nos bolsos da memória ou escondidas nos escaninhos da alma.

Os anúncios apenas soltam suas aspirações, atiçam alguns anjos e muitos demônios contidos nos porões da sua longa trajetória de tropeços e retomadas da vida. Propaganda só tem sentido quando liberta o que você tem de melhor e faz você feliz. Por isso, os anunciantes investem milhões para imprimir suas marcas na memória dos consumidores. Para construir imagens positivas. Para gerar percepções favoráveis e transferi-las para seus produtos e serviços.

Nós, profissionais de propaganda, não carregamos 1 grama de culpa sobre a gordura dos obesos ou sobre a violência dos ignorantes. O sorvete que anunciamos é o mesmo para magros e gordinhos. A diferença está nas toneladas de gula de quem não se controla e foge da realidade, mergulhando de cabeça, pescoço e pança em cada embalagem. Depois de engolir tudo e lamber os dedos.

Ao contrário, nós conhecemos o significado social e econômico da publicidade. Sabemos com clareza que a liberdade de imprensa se estrutura sobre a publicidade, que mantém vivos e independentes os veículos de comunicação. Que as artes, o esporte, a cultura, o turismo, o lazer, todos se desenvolvem e prosperam a partir das verbas publicitárias. Sem propaganda não haveria – na dimensão que hoje existem – os megashows, o teatro profissional, os concertos, os grandes eventos esportivos, a vida social que nos acostumamos a assistir e desfrutar. Adeus Copa do Mundo nos estádios e na televisão. Tchau, Olimpíadas. Até nunca mais, Cirque du Soleil – que, francamente, não precisava de incentivo fiscal, cobrando mais de R$ 100 o ingresso e vendendo miçangas para tupiniquins a preço de ouro – mas isso já é outro assunto, hoje próximo das páginas policiais.

O que artistas e atletas amadores, no entanto, mais desejam, precisam e merecem é patrocínio para as suas criações, apoio para os seus saltos, combustível para as suas corridas.

Resumindo, a propaganda não é apenas a alma do negócio. Ela é o próprio negócio, caso contrário você não pagaria uma nota por um tênis de grife, fabricado por mão-de-obra semiescrava e pés descalços.

Ou, como dizia aquela placa fictícia: sanduíche de mortadela, R$ 4, de presunto, R$ 6; sem mortadela, R$ 2, sem presunto, R$ 3. Esta é a diferença entre preço e valor.

Bem, agora já podemos fazer uma pausa para os comerciais e passar para a próxima atração. A primeira parte deste capítulo teve a função apenas de causar impacto. Aprendi isso na escola de propaganda. Antes de despertar o interesse por um assunto, você precisa chamar a atenção. É a fórmula AIDA. Atenção, Interesse, Desejo e Ação, ou algo parecido, pois acho que faltei a essa aula ou estava escrevendo uma carta para minha mulher, enquanto se falava de marketing, que eu ainda não sei bem o que é.

Vamos então ao tema central deste livro. Limites. Dizem que as fronteiras que nos unem são as mesmas que nos separam. Limite deve ser isso, o traço que divide o sim do não. O problema é que a vida é cheia de talvez.

Quais são os limites da publicidade? Até que ponto o publicitário pode esticar a corda da emoção, para vender o que anuncia? Podemos esconder na lágrima o preço de um produto? Onde começa o nosso direito de invadir o pátio dos seus sentimentos?

Tudo bem, as margens dos jornais são uma boa piada, mas, falando sério, até onde vão as bordas da responsabilidade pelo que criamos?

Talvez – olha ele aí – possamos pensar juntos sobre isso, na busca do senso comum.

Em primeiro lugar, seria mais inteligente e proveitoso que, em vez de condenarmos a publicidade por nossos próprios exageros e pecados, exigíssemos dos anunciantes e das suas agências um pouco mais de ética e de compromisso com a verdade em tudo o que dizem e prometem. Para a mentira e o engodo, o limite é zero. Não sou eu quem afirmo, é o Código de Ética da Propaganda. Além disso, existe um conselho profissional, o Conar, que rege e controla tudo o que se faz em publicidade no nosso País e condena quem ultrapassa o *guard-rail* do bom senso e as raias da verdade.

Você já reparou quantas letras miúdas habitam o rodapé dos anúncios? É uma manada de asteriscos, carregando nas costas condições de financiamento, parcelas obscuras, entradas sem saída, imagens meramente ilustrativas, como se as imagens não fossem ilustrativas, meramente. Bem pregam os sábios que as letras grandes nos dão, enquanto as pequenas nos tiram.

Eu não costumo comprar produtos cravejados de asteriscos. Prefiro os anúncios capazes de me emocionar sem perder a clareza e a objetividade. Aí mora a genialidade dos verdadeiros criadores. Fazer arte com ciência e responsabilidade. Apenas tocar, em vez de empurrar.

O marketing da verdade ainda é a melhor estratégia para se promover marcas, anunciar produtos e cativar pessoas.

Em segundo lugar, vem a questão das bebidas e dos cigarros. Antes, uma pergunta: se não devemos anunciá-los, por que podem ser fabricados? Eu não fumo, mesmo que tenha feito um esforço imenso para carregar um cigarro entre os dedos, no tempo de faculdade. O gestual e o poder de produzir fumaça me cativavam, mas o cheiro e o custo me tiraram o cigarro da mão e o câncer do pulmão. Depois, vieram os filhos e me pareceu inconcebível obrigá-los, ainda bebês, a respirar minha própria poluição. E não existe anúncio capaz de me seduzir. Mas há quem fume e beba até a morte, estimulado também pela propaganda. São pessoas doentes, frágeis, inconsequentes ou inconscientes do mal que se fazem.

Para elas, não há propaganda antifumo ou antiálcool que resolva. Viu só como a propaganda não tem tanto poder? Sobre essas campanhas eu tenho uma opinião, construída ao longo da minha vida profissional de inúmeras campanhas contra os cigarros, contra as drogas e também contra a violência no trânsito.

Acontece que o ser humano tem consciência da sua finitude. Somos os únicos a entender, desde crianças, que também vamos morrer. Fim, a brincadeira acabou. E não nos conformamos com isso. Pior, negamos a morte. Pior ainda, enfrentamo-la, fumando, correndo feito loucos, bebendo e cheirando até perdermos totalmente a lucidez. Para depois ressuscitarmos, um pouco cambaleantes, mas vivos. E aí, voltarmos a transgredir, para testar nossa imortalidade.

As campanhas de combate ao vício e à irresponsabilidade no trânsito não atingem os loucos. Eles são todos imortais. Criamos anúncios para os outros, os sadios, não para eles.

Aí justificam-se os limites estreitos para a propaganda de tudo o que vicia. Ela atinge diretamente as pessoas que já perderam a consciência e a capacidade de dizer não para os ouvidos da razão.

Um terceiro tema: a publicidade para crianças.

Na Suécia – está na Internet – ela é proibida desde 2004. Hoje, debate-se, aqui no Brasil, a proibição de toda publicidade e promoções para crianças, especialmente na televisão, cujo controle está nas mãos dos nossos filhos – não que eles nos tivessem pedido, mas fomos nós que o transferimos para eles, em troca de paz e de algumas horas de sossego.

De quantas crianças a Xuxa foi babá! Quantas caixas de Sucrilhos® eu esvaziei à procura de um não-sei-o-quê, que fazia o que nem me lembro mais.

Se fosse contar quantos *big* brindes meu neto tem em seu quarto, eu não terminaria este capítulo. Mas confesso que acho muito barato pagar R$ 10 por um bonequinho que caminha, dança, salta e fala com a gente e ainda ganhar de brinde uma caixinha colorida, recheada com um sanduíche redondo, batatinha crocante e um *refri*. Como eles conseguem fazer isso com tão pouco eu não sei, mas as crianças adoram, especialmente as que têm mais de 40 anos e passaram a infância comendo pão com manteiga e mortadela.

A questão é a mesma: se a criança ainda não tem plena consciência dos seus atos, é preciso que os pais ajudem-nas a pensar e a decidir. Tem outra: antes de proibirmos a propaganda e as promoções para crianças, é bom entender que vamos matar a babá eletrônica. Os canais de televisão e os programas infantis não resistirão e nós, adultos, teremos que trabalhar apenas um turno ou transferir para os professores a tarefa de dar cambalhotas, lutar caratê, enfiar o dedo nos olhos e dar marteladas nos pés.

Se as crianças amam tudo isso, é porque funciona e tem algum significado em sua formação. Não é assim que o mercado opera, à base dos empurrões, gritos e safanões? Não pensem que proibindo a propaganda para crianças elas deixarão de consumir o que desejam. Estamos em pleno "filharcado" (em breve cachorros e gatos assumirão o poder) e o mercado rapidamente vai aprender a cativar estes pequenos consumidores que movimentam bilhões de dólares por ano em produtos que lhes são especialmente destinados.

Aí, surge uma outra questão, não diretamente ligada à publicidade, mas que tem tudo a ver com comunicação: a violência na televisão.

Tom e Jerry, por exemplo: existe algo mais violento? E os *três Patetas*? Você ainda assiste ao *Pica-Pau*? Falando sério, a violência na televisão, hoje, ontem e sempre é apenas uma ficção. Um convite à abstração. É o mito da caverna de Platão, de 300 anos antes de Cristo. Não é a realidade que está ali na parede do tubo, mas a projeção de um mundo exterior, passando diante dos nossos olhos, enquanto comemos pipoca. A realidade está lá fora e é muito mais dura e violenta que *pows, blufts* e *tóings*!

Agora, um pinga-fogo, uma opinião rápida sobre diversos assuntos:

Propaganda externa: é a mídia mais democrática e o consumidor não precisa pagar por ela, mas não há duvida que *outdoors* e placas poluem a cidade e agridem a paisagem. A experiência paulista de limpar as ruas é muito legal e mudou a cidade. Nas estradas, eu negociaria com as exibidoras espaços para campanhas educativas em troca de algumas liberações.

Propaganda política: acho importante, especialmente quando for paga com verba pública e veiculada em horários apropriados. Ao contrário do que dizem, são comerciais muito melhores do que alguns programas consagrados de rádio e televisão. É o produto falando dele mesmo. Já fizeram esse exercício? A vantagem é que você sabe na hora em quem não deve votar.

Propaganda via celular: insuportável. Risco na hora o nome da empresa que invade meus tímpanos e transborda minha capacidade de tolerar as novas tecnologias. Prefiro minha labirintite que eu já conheço e me dá um barato sem drogas.

Propaganda em televisão fechada. Um absurdo. Já se paga uma fortuna pelo sinal, pontos extras e pacotes promocionais. E ainda precisamos suportar o *callcenter* mais chato e burro do mundo.

Merchandising. É uma sacanagem, mas, como funciona! Ainda sinto saudade dos programas de culinária da Mimi Moro, no século passado, que preparava o bolo com a farinha X, o fermento Y, os ovos Z e até a colher de pau era patrocinada.

Para terminar este bate-bola, as palestras motivacionais. Não é propaganda, mas eu convivo com elas desde sempre e preciso dizer o que acho: eu não aguento mais! Quanto dinheiro posto fora, por cinco minutos de efeito. No máximo, eficientes até a realidade do próximo contracheque. Não posso perder a oportunidade de citar a frase de uma psicóloga que trabalha com empresas e sabe distinguir claramente a diferença entre motivação e treinamento: "Antes de motivar, ensine, treine, passe informação e conteúdo. Não se motiva um idiota, pois a pior coisa, para uma empresa, é um idiota motivado!".

Por fim, vamos falar em sexo. Na televisão, acho um absurdo. Aquela antena, atrapalhando tudo. Na cama, no sofá, no chuveiro, tudo bem, mas, na televisão? Brincadeirinha, só pra relaxar.

Tá legal, sexo sempre é um assunto delicado, especialmente na superficialidade da propaganda. Penso que os anunciantes têm mais receio da publicidade sensual do que os próprios educadores e pais protetores de seus filhos. A publicidade é cara e tudo o que as empresas não querem é tornar seu produto vulgar.

Publicidade precisa agregar valor e não depreciar. E, na lâmina da sensualidade, o limite entre o belo e o ridículo é quase imperceptível. E pode custar muito.

Mas, que a sensualidade mexe com a gente, mexe mesmo. Um corpo bonito, uma forma atraente, um pedaço de mulher ou de homem, é sempre uma janela para o olhar atento, à procura do todo e um certo salivar. Se o produto é um sabonete, um xampu, um bronzeador derretendo na pele, tudo bem, é natural, quase animal. Mas, se o apelo é só artimanha para vender um carro vermelho ou uma cerveja gelada, e não houver um bom argumento ou uma ideia forte por trás disso tudo – no bom sentido, é claro – o impacto termina quando começa o próximo comercial. O espectador é sempre o melhor sensor.

No fundo, acredito que o consumidor gosta mesmo é de bons produtos. E os publicitários também são consumidores, que preferem criar comerciais de verdade, que promovam aquilo que eles mesmos gostariam de comprar.

Lembro daquelas sessões de hipnotismo na praia, em que o hipnotizador, antes de começar o show, alertava que todos poderiam ficar calmos e seguros, pois ninguém seria induzido a fazer o que ferisse a sua honra ou manchasse a sua reputação.

A publicidade é isso, um espetáculo divertido que toca e emociona, mas que não obriga ninguém a nada. Na verdade, a publicidade não vende, apenas leva o consumidor até a porta da loja. Quem vende é o vendedor. E, no autosserviço, como nos supermercados, onde tudo acontece, a decisão é do consumidor. Assuma, você é o culpado!

O melhor da propaganda, para mim, é quando ela me leva a comprar o que eu não preciso.

É isso. Eu não quero comprar chocolate, mas o anúncio é tão atraente, tão sedutor, a embalagem é tão bonita e envolvente que eu acabo comprando. E deixo então de comer a couve-flor que me faz tão bem.

Dane-se a couve-flor! Amanhã eu vou ser obrigado a comer pratos de salada, que nunca mereceram um anúncio no rodapé de qualquer jornal de bairro.

Mas o chocolate está ali, no horário nobre do meu desejo.

Sabe por que eu gosto da propaganda do supérfluo? Porque ela me estimula a trabalhar mais. A pensar melhor. A estudar, pesquisar, crescer na vida, lutar.

Se fizesse apenas o que está na cartilha de bom comportamento, eu estaria de tanga nas cavernas, comendo carne crua e mascando ervas amargas, em lugar do meu bom chocolate.

Eu, primata que ando sobre duas pernas e escrevo de madrugada no computador, não desejaria voar, conquistar o universo, construir pontes e cidades. Estaria parado diante do rio, sem coragem de chegar à outra margem.

Viva a propaganda que me faz sonhar. Que me desperta todos os dias em busca da felicidade. Viva o primeiro sutiã de todas as mulheres e o último modelo de carro que tanto seduz os homens.

O mal da propaganda é a propaganda burra, previsível, de mau gosto. Para a propaganda bem-feita, inteligente, criativa, o céu é o limite. E o céu é a sensibilidade do consumidor. O seu direito de escolher, provar e repetir, ou cuspir tudo fora.

O anúncio que não respeita o consumidor é um fracasso.

Ide, povoai a terra, crescei e multiplicai-vos. Foi Deus quem fez a melhor propaganda do mundo, justificando a expulsão do paraíso. E quem vai tirá-lo do ar?

Bem, ainda tenho algumas linhas antes do limite que o editor nos impôs, mas não vale a pena abusar muito da paciência e do sono dos leitores. Se você concordar com a metade do que escrevi, já me sinto recompensado. Vai então um último pensamento, ou melhor, um anúncio: imagine que este livro é um mil-folhas, inteiramente seu. Daqueles doces irresistíveis, com duas camadas crocantes e novinhas por fora e um recheio indescritível lá dentro, como só as avós são capazes de preparar.

Quando eu terminar este parágrafo, você vai poder saborear cada pedacinho da guloseima toda, lambuzando os dedos, lambendo os lábios, degustando a doçura de cada palavra, consumindo o livro por inteiro, capítulo por capítulo, sem culpa ou promessa de castigo. Ou melhor, sem censura e com seus próprios limites. Bom proveito.

Minha capacidade de sedução acaba aqui, onde começa a sua consciência, que foi o que eu disse lá no início.

O limite da propaganda é você quem diz.

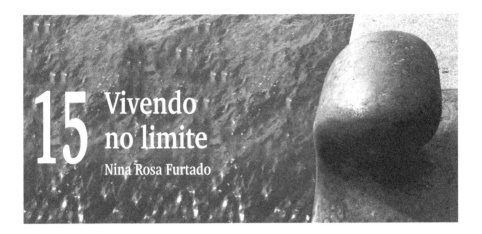

15 Vivendo no limite
Nina Rosa Furtado

Otto Kernberg (1991), psiquiatra e psicanalista, é um profundo estudioso do quadro sindrômico do paciente *borderline*. Ele relata que foi em 1950 que psicoterapeutas do mundo todo começaram a descrever um grupo de pacientes que não possuía capacidade de introspecção, *insight* e elaboração. Mostravam rápida mudança de humor e uma tendência a considerar as coisas da vida como totalmente boas ou totalmente más, além de fortes tendências orais (eram vorazes para tudo e com todos) e, ao mesmo tempo, tendências agressivas. Por serem pacientes intrigantes do ponto de vista dos modelos psicanalíticos, a conceitualização inicial do termo *borderline* era muito ampla, sendo sinônimo de "paciente difícil".

Em 1980, depois de muitos esforços para conceitualizar com maior precisão o que passou a ser chamado transtorno da personalidade *borderline*, a Associação Psiquiátrica Americana estabeleceu que, para caracterizar esse quadro, a pessoa teria de apresentar cinco dos seguintes aspectos:

1. um padrão de relações interpessoais instáveis e intensas, caracterizadas por alternância entre extremos de superidealização e desvalorização;
2. impulsividade que traga prejuízo pessoal, como, por exemplo: gastos, sexo, uso de drogas, furtos, dirigir sem cuidado, comer compulsivamente;
3. instabilidade afetiva: mudanças marcantes de humor para depressão, irritabilidade ou ansiedade, que duram em geral algumas horas e raramente mais de alguns dias;
4. raiva inapropriada, intensa, ou falta de controle da raiva;
5. ameaças, gestos ou comportamentos suicidas periódicos ou comportamentos automutilantes;

148 Nina Rosa Furtado & Cols.

6. perturbação forte e persistente da identidade manifesta por incerteza sobre pelo menos dois dos seguintes aspectos: autoimagem, orientação sexual, objetivos a longo prazo ou escolha da carreira, tipos de amigos desejados, valores preferenciais;
7. sentimento crônico de vazio ou de tédio;
8. enormes esforços para evitar abandono real ou imaginado.

Além destes critérios, que correspondem, em parte, ao quadro *borderline*, Kernberg discute a difusão de identidade. Revela-se, na experiência subjetiva de vazio crônico do paciente, autopercepções contraditórias e empobrecidas dos outros e incapacidade de mostrar-se, bem como de mostrar as suas interações com outros, sendo uma pessoa difícil de despertar empatia.

De início, a personalidade *borderline* recebeu várias classificações e nomes, mas nenhum deles se adequava ao estado confusional apresentado, desencadeando inúmeras pesquisas e questões a respeito da personalidade humana.

Ao se estudar os fenômenos de despersonalização e de desrealização, chegou-se à evidência de quanto a chamada pós-modernidade é permeada, nos espaços metropolitanos, no mundo das subculturas juvenis, por mudanças antropológicas, que fazem do *borderline*, do mundo-limite, uma das características do nosso tempo.

Para Kernberg, viver no limite significa experimentar os próprios limites da linguagem, suas ambivalências e distorções, pensar a existência a partir do limite, viver as experiências no limite. A identidade, como forma de experiência, torna-se uma incessante ressignificação da dinâmica psíquica, que torna visível ao homem sua relação com o mundo singular e que não se repete. É impossível a tentativa de restabelecer a unidade perdida.

Nesse sentido, o *borderline* torna-se um espelho de algumas das características mais marcantes do homem pós-moderno. O que chama mais a atenção nesta junção de conceitos, que lança mão da interdisciplinaridade, são as características do *borderline*, as quais coincidem em grande parte com as características de comportamentos e culturas atuais.

A QUESTÃO DA IDENTIDADE

A psicanálise sempre teve como um de seus objetos de estudo a formação da identidade do ser humano. Os primeiros modelos, no que se refere a um bebê, serão introjetados no decorrer do seu desenvolvimento, transformando-se, juntamente com os aspectos constitucionais e experiências vividas, em traços de sua futura personalidade.

Zimerman (2001) fala de um sentimento de identidade que só será harmônico e coeso se houver uma elaboração das distintas identificações parciais que, desde o início de seu crescimento, foram incorporando-se ao sujeito pela introjeção dos códigos de valores dos pais e da sociedade. Esse processo não é simples. Cada um dos pais modeladores das identificações do filho também está, por sua vez, identificado com aspectos parciais ou totais dos seus respectivos pais. É o que chamamos de movimento transgeracional, que, frequentemente, atravessa sucessivas gerações na transmissão dos mesmos valores estruturadores da identidade, nos seus três níveis inseparáveis: individual, grupal e social.

Etimologicamente, a palavra identidade (idem + entidade) já nos indica que existe uma entidade que se mantém a mesma (idem), apesar das modificações temporais, espaciais e sociais.

Por meio de sucessivas experiências suficientemente boas com os pais, forma-se na criança a crença de que, se esta é vista como um objeto de amor, então ela existe, é um ente, ou seja, está formando-se uma entidade. Há casos em que os modelos de identificação falham, não são estáveis, coerentes, consistentes e com capacidade continente (de conter as ansiedades infantis). Nesses casos, o sujeito terá dificuldade de formar um sentimento de identidade estável, tal como acontece, por exemplo, com os chamados pacientes *borderline*. Caracterizada por ser uma "síndrome de difusão da identidade", esta síndrome consiste na dificuldade, apresentada por estas pessoas, de transmitir uma imagem integrada e coerente de si mesmas, provocando nos outros, com quem convivem, sensação de confusão em relação a elas.

Faz parte do sentimento de identidade o constante questionamento do sujeito quanto a quem ele realmente é, como se autorrepresenta, quais são seus papéis sociais e seus limites nos grupos dos quais participa e o que e quem ele quer vir a ser.

Existem dois fenômenos que podem representar alteração no sentimento de identidade: a despersonalização e a desrealização.

A despersonalização é o sentimento de perda ou de transformação do eu. Há diminuição da capacidade de relação empática básica, da familiaridade do eu consigo mesmo, provocando uma vivência de estranhamento próprio. A pessoa se sente estranha consigo mesma, com sentimentos de angústia e perplexidade. É frequente a sensação de enlouquecer ou perder o controle.

A despersonalização atinge o eu psíquico e corporal, levando à não-familiaridade com o seu próprio corpo. Comumente, associada a este quadro, pode ocorrer a desrealização, a transformação e a perda da relação de familiaridade com o mundo, sensação de estranheza daquilo que no dia a dia é comum. A pessoa percebe um mundo desconhecido modificado, onde as pessoas são estranhas, as cores e os sons também. Tudo isso é acompanhado de muita angústia.

Segundo Nobre de Melo (1979), o despersonalizado é, então, "o homem que perdeu a segurança de uma relação familiar com o mundo, condenado, assim, ao frio de uma terra estranha, de um país desconhecido". Chamo atenção para estas características, antes reconhecidas só em quadros patológicos e que, atualmente, passaram a ser bem mais comuns, especialmente em nossos adolescentes.

A questão da identidade humana foi bastante estudada e discutida por Bhabha (1998), escritor e sociólogo da cultura atual, que considera este tema repleto de enigmas e pensa ser o conceito indeciso e enigmático, exigindo que muito seja ainda pensado sobre o tema.

À medida que sabemos tão pouco sobre nós mesmos, impossível saber sobre o "outro". Nessa linha de pensamento é que Bhabha introduz entre seus estudos o que chamou "identidade-limite", definindo-a como uma característica do século XX, em termos de estudos do comportamento humano, agregando aos seus conceitos sociológicos e filosóficos a teoria psicanalítica.

Ao estudar o conceito de identidade, Bhabha salienta que esta, apesar de ter os mais diversos nomes, continua sendo um enigma, algo intangível. Destaca o pensamento de Freud (Bhabha, 1998, p. 41), quando afirma que a identificação é sempre uma identificação incompleta e que reconduz à origem da diferença na identidade, designando o outro como condição necessária desta. Diz ele que, quando nos referimos ao eu, aludimos inevitavelmente ao outro.

Bhabha pensa que este conceito freudiano é ponto de partida de um novo caminho, que leva a um espaço diferente, inverificável, do lado oculto das coisas. Essa duplicidade, essa incapacidade de designar o eu e o outro leva a inúmeras questões dos tempos atuais, quando as identidades deixam de ser claras e com limites bem-estabelecidos para tornarem-se confusas e incertas.

Ao citar Fernando Pessoa, este autor exemplifica esta multiplicidade da identidade, a experimentação do eu em seus heterônimos:

> Sinto-me múltiplo. Sou como uma sala com inúmeros espelhos fantásticos que refletem falsamente uma única realidade precedente que não se encontra em ninguém e está em todos... Sinto-me viver vidas outras, em mim, de modo incompleto, como se meu ser participasse da existência

de todos os homens, incompletamente de cada um, através de uma soma de não-eu sintetizado num eu postiço.

Talvez poucos estudos e definições retratem com tanta riqueza uma identidade tão difusa, sem contornos claros e repleta de angústia.

Bhabha considera que o transtorno *borderline* concentra as características da psicopatologia do Século XX; não apresenta a sintomatologia conhecida de qualquer outro transtorno e causa enorme sofrimento ao seu portador.

Destaca-se primeiramente a impulsividade, a incapacidade de pensar antes de agir, típico deste quadro psicopatológico. Fazendo uma relação com as condutas atuais, percebe-se um grande estímulo social ao não pensar. Será vencedor quem agir mais rápido. Isto se configura desde o início da infância, nos jogos de videogame ou de computador, nos quais a ação precede o pensamento. Quem pensar perderá o jogo. Quem correr mais, chegar antes ou usar métodos mais rápidos levará vantagem.

As consequências na vida, na grande maioria das vezes, são desastrosas. Estas pessoas criam situações, muitas vezes, extremamente destrutivas e de difícil elaboração. Há frequentes envolvimentos com a lei, especialmente pelo uso de drogas, promiscuidade e abortos de repetição.

Outra característica que coincide com a nossa realidade atual é a identidade difusa, tão bem-descrita por Bhabha. As pessoas em geral vivem uma identidade que não é mais clara, que perdeu suas características, aquelas que ofereciam uma identidade carregada de história e de autoestima.

A identidade difusa aceita qualquer coisa, procura o prazer rápido e descartável e, por isso mesmo, convive com um imenso e solitário vazio. Esta colcha de retalhos que é a personalidade *borderline* lembra um outro conceito tão discutido e polemizado atualmente: o de pós-modernidade.

Será a pós-modernidade *"borderline"*? Estamos vivendo em uma sociedade que perdeu a noção de limites?

REFERÊNCIAS

BHABHA, H.K. (trad. Myrian Ávila, e outros). *O local da cultura*. Belo Horizonte: editora UFMG, 1998.

KERNBERG, O.F., (Trad. Rita de Cássia Sobreira Lopes). *Psicoterapia psicodinâmica de pacientes Borderline*. Porto Alegre: Artmed, 1991.

ZIMERMAN, D.E. *Vocabulário contemporâneo de psicanálise*. Porto Alegre: Artmed, 2001.

16 Como dizer não
Nina Rosa Furtado

Começo este capítulo contando a história de uma jovem russa chamada Svetlana. Desde pequena, ela só tinha conhecido uma paixão: dançar e sonhar em ser uma componente do Ballet Bolshoi. Seus pais haviam desistido de lhe exigir empenho em qualquer outra atividade. Os rapazes já haviam se resignado: o coração de Svetlana tinha lugar para somente uma paixão e tudo o mais era sacrificado pelo dia em que se tornaria bailarina do Bolshoi.

Certo dia, Svetlana teve sua grande chance. Conseguira uma audiência com Sergei Davidovitch, professor do Bolshoi, que estava selecionando aspirantes para a Companhia. Dançou como se fosse seu último dia na Terra. Colocou tudo o que sentia e que aprendera em cada movimento, como se uma vida inteira pudesse ser contada em um único compasso. Ao final, aproximou-se do professor e lhe perguntou: "Então, o senhor acha que eu posso fazer parte da equipe?".

Na longa viagem de volta a sua aldeia, Svetlana, em meio às lágrimas, imaginou que nunca mais aquele *não* deixaria de reverberar em sua mente. Meses se passaram até que pudesse novamente calçar uma sapatilha ou fazer seu alongamento em frente ao espelho.

Dez anos mais tarde, Svetlana, já uma estimada professora de balé, criou coragem de ir à apresentação anual do Bolshoi em sua região. Sentou-se bem à frente e notou que Davidovitch ainda era o professor. Após o concerto, aproximou-se do cavalheiro e lhe contou o quanto queria ter sido bailarina do Bolshoi e o quanto doera, anos antes, ouvir-lhe dizer que não seria capaz. "Mas, minha filha, eu digo isso a todas as aspirantes", respondeu Davidovitch. "Como o senhor poderia cometer uma injustiça dessas? Eu dediquei toda minha vida! Todos diziam que eu tinha o dom. Eu poderia ter sido uma grande bailarina, se não fosse o descaso com que o senhor me avaliou!", respondeu Svetlana.

Havia solidariedade e compreensão na voz do professor, mas ele não hesitou ao responder: "Perdoe-me, minha filha, mas você nunca poderia ter sido grande o suficiente, se foi capaz de abandonar seu sonho pela opinião de outra pessoa".

O PAPEL DO *NÃO* NO DESENVOLVIMENTO DA CRIANÇA

A criança é um ser totalmente dependente de outro, tanto para a sua sobrevivência física como emocional. Ela aprende e apreende o mundo nos primeiros anos de vida pelos "olhos" dos outros. Primeiro, estabelece o seu "não-eu", e, à medida que vai crescendo, desenvolve o seu eu. Assim, tudo e todos somos exemplos e/ou modelos com os quais a criança poderá identificar-se. Daí a importância de termos bem claras nossa responsabilidade e capacidade para responder aos chamados da criança.

Segundo Bettelheim, "a capacidade de estabelecer relações humanas estreitas tem que ser adquirida cedo, quando as coisas acontecem intuitivamente, se queremos que essa capacidade nos sustente pela vida afora. O bebê aprende isso quando se aninha no colo da mãe. O calor que o corpo dela irradia para ele nunca lhe poderá ser dado por seu cobertor quente. Seu corpo ficará aquecido debaixo dos cobertores, mas, sem o calor humano, não existe calor emocional dentro da criança, que é o que faz com que ela se sinta bem consigo mesma" (Bettelheim, 1987, p. 309).

Nos primeiros anos de vida, a figura materna representa "tudo". A simbiose da relação com a mãe é a base das satisfações da criança. A fome, a sede, o medo, o desconforto da fralda molhada são identificados pela mãe por meio da linguagem corporal, do choro, do sorriso. A maneira como a mãe responde às necessidades básicas da criança dá significado às suas emoções e reforça um comportamento ansioso ou paciente frente a uma dificuldade. A atitude da mãe e a sua maneira de entender a criança vão ensinando a esta como ela deve agir para conseguir a satisfação de seus desejos. O não entender e o não agir da mãe dão à criança sinais de que o que sente não é importante ou de não-comunicação com a mãe. À medida que cresce e aumenta o seu envolvimento com o meio e com os outros, a criança passa a ter noção de que ela é uma pessoa e a mãe, outra, e passa a fazer tudo que provoque a aprovação da mãe. Quando a resposta da mãe é a indiferença, a ausência, a criança se sente desamparada, só. Portanto, para que a criança cresça sentindo-se valorizada e amada, é necessário, entre outras coisas, o desenvolvimento do sentimento de apego.

De acordo com Brazelton e Greenspan, "emoções, capacidade motora e capacidade cognitiva são, naturalmente, parte de um grande todo. Mas, em vez da forma tradicional de olhar o desenvolvimento da inteligência através da manipulação e da exploração do mundo, podemos dizer que a criança primeiro usa a expressão da emoção como uma forma de entender o mundo. É através desses primeiros intercâmbios afetivos que seu senso de causalidade é estabelecido. Mais tarde, através do jogo de faz-de-conta e de interações com palavras afetivamente significativas, a criança alcança um senso de testagem da realidade, torna-se lógica e aprende a raciocinar" (Brazelton e Greenspan, 2002, p. 32).

Estar ao lado dos filhos nem sempre significa vê-los, ouvi-los e atender suas necessidades com qualidade. Assumir um comprometimento tão grande envolve responsabilidade, mas também provoca ansiedade. Existe a busca do que é "certo ou errado", muitas vezes causando confusões e desgastes emocionais. De acordo com Brazelton (1988), o mais eficiente recurso para que se adquira o melhor papel como pai ou mãe é a liberdade de conhecer a si mesmo, de seguir as próprias inclinações. Os melhores sinais para saber quando se está no caminho certo com o bebê são dados pelo próprio bebê. Para este autor, a compreensão é o ponto de contato que ajuda a família a obter um relacionamento íntimo que estimula o apego.

Crescer envolve a descoberta, gerada pela saudável curiosidade, assim como desafios e conflitos. Para a criança, que depende muito da mãe, e através desta conhecerá e compreenderá o mundo, descobrir que é um ser único, diferenciado, gratifica e assusta. É esta mãe que poderá impulsioná-la a ir em frente. Este é o momento em que os "nãos" devem ser bem-ditos, na hora e na dosagem adequada à individualidade de cada criança, pois eles darão autonomia, limites e segurança. O desenvolvimento do apego não significa impedir a criança de adquirir sua independência, e sim abrir as mãos e deixar a criança obter experiências próprias, incentivar e dar a ela a certeza de que, ao retornar, a mãe estará lá, independentemente do sucesso ou fracasso da experiência.

Para Brazelton e Greenspan (2002), quando proporcionamos momentos em que a criança tenha e manifeste a sua iniciativa, estamos respeitando a sua singularidade e individualidade, desenvolvendo um processo complexo de relacionamento, do qual a individualização, a diferenciação e a relação fazem parte. Sentindo-se única e importante, a criança aprende a amar aos outros e a si mesma. Ela descobre que pode experimentar a separação, sentimentos de raiva, desafios e excitação, e que a "mãe" continua presente com o amor da relação intacto.

A palavra *não* significa negação; de modo nenhum é negativa, recusa, repulsa. Esta é a palavra mais ouvida por algumas crianças nos vários momentos do seu dia: "Não mexa! Não faça! Agora, não! Porque não..." O *não* não é sinônimo de aprendizagem, especialmente quando a criança ouve o *não* sem saber o porquê de seus desejos serem negados. Fica sem compreender e, muitas vezes, sente-se culpada, achando que suas atitudes e desejos são errados. Para Bettelheim (1987), a criança ainda não possui confiança em seu desempenho, pois não sabe o que esperar de si. Ela sabe o que os outros esperam dela, embora não entenda o significado, o sentido que tal coisa tem para ela. Com frequência, o sentido está no desejo dos pais, não nos seus. Com o decorrer do desenvolvimento, ela vai formando seu jeito de ser e se capacitando para enfrentar os desafios da vida.

Conforme Brazelton e Greenspan (2002), muitos comportamentos antissociais da criança refletem uma combinação de fatores, tais como déficits neurológicos com estresses ambientais e conflitos no relacionamento com o cuidador. Esta combinação aumenta a probabilidade de comportamentos inadequados. Os autores enfatizam que "os padrões do cuidador envolvendo sustentação extra, capacidade de envolvimento nos jogos de faz-de-conta, com empatia e limites gentis, mas consistentes, frequentemente, levam a um desenvolvimento positivo. Ao contário, limites punitivos, hostilidade ou evitação, negligência e inconsistência podem levar a padrões antissociais aumentados" (p. 95).

Como diz Yunes (2006), nossa herança genética é inegável, mas as relações estabelecidas em diferentes ambientes ao longo da vida nos influenciam, principalmente no início da vida. Poderão tornar-se bases constitucionais, que vão "moldando" o comportamento, resultado das predisposições biológicas e genéticas, interagindo com o ambiente em que estamos inseridos.

Bettelheim afirma que

> cada acontecimento de que a criança participa, não importa se grande ou pequeno em si, é significativo como parte de seu relacionamento. Não são apenas as 'questões de peso' que contam na formação da personalidade de uma criança e nas relações entre pais e filhos. Na realidade, incidentes que os adultos consideram triviais são, com frequência, imensamente importantes para a criança, fornecendo as indicações paternas que orientam seu despertar para o mundo – e isso acontece mesmo que os pais não se dêem conta do que estão fazendo. As palavras e os gestos de um pai, seu tom de voz e sua expressão facial podem, de repente, lançar uma luz muito diferente sobre as coisas, o mesmo valendo para sua resposta. Não apenas o comportamento explícito dos pais, mas também o que se passa em sua mente, consciente e inconsciente, influencia significativamente a criança, fornecendo-lhe os dados sobre os quais baseia sua visão de si mesma e de seu mundo (Bettelheim, 1987, p. 56).

Alem de dar atenção aos pequenos detalhes, de acordo com Bettelheim (1987), conseguir entender os acontecimentos na perspectiva da criança é o modo de nos apropriarmos de sua experiência e obtermos a compreensão dela como pessoa. Poderemos então reagir a cada situação, não apenas com nosso olhar, mas, simultânea e indiretamente, a seu modo também. "Esse empenho para entender e, de certa forma, indiretamente, sentir o que nosso filho está experimentando e reagir à situação com base nisso tem também, frequentemente, o valioso efeito colateral de trazer à mente incidentes parecidos ou análogos de nossa infância, importantes, mas esquecidos há muito. Permite-nos, por fim, compreender mais profundamente o significado que tiveram, então, para nós, o papel que desempenharam na formação de nossa personalidade e na imagem que temos do mundo. Se isso acontece, enriquecemo-nos com uma melhor compreensão não apenas de nosso filho, mas também de nossa própria infância" (Bettelheim, 1987, p. 62).

RESILIÊNCIA

O sentimento de pertencer a uma família, dela fazer parte, e a capacidade de desenvolver atitudes resilientes dependem fundamentalmente do afeto, da sensibilidade, da disponibilidade do amor que a criança recebe, em especial ao buscar no adulto as respostas que procura para conhecer e desvendar o mundo. "Pessoas são pessoas através de outras pessoas, e a resiliência, ou seja, os processos que possibilitam enfrentar com competência situações de estresse, é uma consequência dessas interações de qualidade e dos ambientes de desenvolvimento, que nada têm a ver com locais sofisticados ou com alta tecnologia, mas com aqueles social e afetivamente ricos" (Yunes, 2006, p. 31).

Os aspectos afetivo-emocionais servem de base para um bom desenvolvimento cognitivo, social e físico. Com autonomia e autoestima bem-desenvolvidas, a criança é capaz de superar os diferentes estágios pelos quais passa durante seu desenvolvimento. Segundo Brazelton e Greenspan (2002), cada estágio é fundamental para fornecer os alicerces da inteligência, da moralidade, da sua saúde emocional e habilidades acadêmicas. A criança primeiro aprende a se relacionar com os outros com empatia e compaixão, depois, "lendo" indícios sociais, pensa com imaginação e lógica. Estas experiências exigem cuidadores que proporcionem e estimulem interações empáticas e sustentadoras (p. 124).

Segundo Barbosa (2006), a resiliência, capacidade que o indivíduo tem de vencer as dificuldades e obstáculos inesperados e até traumáticos, passou de uma fase de "qualidade pessoal" para um conceito mais atual, compreendido como um atributo da personalidade, passível de ser desenvolvido no contexto psicossociocultural em que a criança está inserida. O autor aponta sete fatores como constituintes da resiliência: a administração das emoções como habilidade para manter a calma sob situações de pressão; o controle dos impulsos como habilidade para mediar as emoções e as ações impulsivas; o otimismo como habilidade de ter esperança que o melhor virá; a análise do ambiente como habilidade para identificar as causas dos problemas; a empatia como habilidade de "ler" os estados emocionais e psicológicos dos outros; a autoeficácia como a convicção da eficácia de suas ações e atitudes; alcançar pessoas como habilidade para se unir a outras pessoas procurando solucionar as adversidades da vida.

Estando a resiliência ligada ao desenvolvimento e crescimento humanos, as atitudes resilientes obviamente se modificam em função da fase do desenvolvimento em que se encontra a criança. As dificuldades não são estáticas, modificam-se, necessitando de condutas resilientes. Melillo e Ojeda (2006) identificaram quatro categorias diferentes para os fatores de resiliência:

- *eu tenho*: envolve as pessoas em que eu confio e das quais tenho apoio, que estabelecem limites para que eu aprenda a resolver problemas e dificuldades, pessoas que me servem de exemplo de conduta, que confiam em mim, estimulam minha independência e autonomia;
- *eu sou*: envolve o carinho e o afeto que recebo e disponibilizo aos outros;
- *eu estou*: envolve a responsabilidade que assumo por meus atos e a crença de que tudo sairá bem;
- *eu posso*: envolve a capacidade para falar das coisas que me assustam e/ou estão me incomodando, a busca da solução das dificuldades, o momento apropriado para agir ou falar com alguém e solicitar auxílio.

A resiliência contribui na construção da qualidade de vida, promovendo a saúde emocional e mental, e também serve de mediadora diante de experiências negativas. Aprender com as dificuldades requer que saibamos identificá-las e utilizá-las como apoio, descobrindo novas maneiras de responder, como prever a consequência das nossas ações refletidas sobre os outros e capacidade para responder de imediato, sem prejuízo de qualquer natureza.

Durante a vida, a criança se defronta com muitos *nãos*, que só poderá enfrentar e superar se tiver ao seu lado quem contribua na construção de atitudes resilientes: pessoas que tenham sobre ela um olhar individualizado, que acreditem em sua capacidade de superação, que levem em conta o seu lado saudável, que estimulem o seu agir como o elástico do exemplo dado por Yunes: o elástico é um material que apresenta o módulo de resiliência máximo, já que, se tensionado, volta ao seu estado original com pouca deformação. Ao contrário, a argila se deforma completamente apenas com um toque, sem voltar ao estado original (Yunes, 2006, p. 30).

Algumas crianças terão falta de *nãos* em momentos em que precisariam de alguém que lhes dissessem até que ponto podem ir; alguém que, pelas mais diversas razões, conseguiria acalmá-la com um limite firme, lógico e afetivo. Poder reconhecer o quanto estes limites são difíceis de ser assumidos e que ninguém possui a "fórmula" mágica de sempre tomar a atitude correta é um bom começo para fazer o melhor possível.

REFERÊNCIAS

BARBOSA, G. Resiliência? O que é isso? Disponível em: http://www.eca.usp.br/nucleos/njr/voxscientiae/. Acesso em 26 abril 2008.

BETTELHEIM, B. *Uma vida para seu* filho. São Paulo: Circulo do Livro S.A., 1987.

BRAZELTON, T.B. *O desenvolvimento do apego*: uma família em formação. Porto Alegre: Artmed, 1988.

BRAZELTON, T.B.; GREENSPAN, S.I. *As necessidades essenciais das crianças*. Porto Alegre: Artmed, 2002.

MELILO, A., NESTOR, E., OJEDA, S. *Resiliência*: descobrindo as próprias fortalezas. Porto Alegre. Pioneira, 2006.

YUNES, M.A. *Psicologia positiva e resiliência*. São Paulo: Casa do Psicólogo, 2006.